약점 많은 사람이
모두가 부러워하는
사람으로
당당하게 성공하는 법

인간이 이룬 위대한 성과는 태어날 때부터 완벽하고 우월한 능력을 부여받았기 때문이 아니다.
그것은 부족한 부분을 끊임없이 자각하고 극복하기 위해 끊임없이 노력한 결과다.

__ 알프레드 아들러

약점을 강점으로 바꾸는 5가지 생각도구

약점 많은 사람이
모두가 부러워하는
사람으로
당당하게 성공하는 법

김광희 지음

이율배반 세상의 잘못된 가르침

첫머리부터 난해한 질문이다. 다음 세 가지 질문에 답해보라. 단, 한 문제라도 답할 수 없다면 반드시 이 책을 읽어줬으면 한다. 답을 모두 맞혔다면, 자기 생각이 얼마나·어떻게 옳은지 확인하는 한편, 그간 허술하게 넘겨짚었던 약점에 관한 진실을 새롭게 가다듬을 필요가 있다. 그런 점에서 이 책은 매우 유용하다. 어쩌면 생존 코드를 발견하는 행운을 누릴지도 모른다.

질문 하나. 경쟁자의 어떤 점을 가장 공격하고 싶은가?

① 강점   ② 약점

질문 둘. 쇠사슬의 강도는 어느 부분이 결정할까?

① 제일 강한 고리   ② 제일 약한 고리

질문 셋. 복수하고 싶은 상대의 가장 알고 싶은 정보는 무엇인가?

① 상대의 강점   ② 상대의 약점

세 질문 모두 정답은 ②번이다.

바보가 아닌 한 경쟁자의 강점을 공격할 리 없다. 애당초 공격이란 상대의 허를 찌르는 것이며, 방어란 자신의 허를 감추는 데서부터 출발하기 때문이다.

쇠사슬의 강도는 응당 가장 약한 고리가 좌우한다. 또한, 누군가에게 복수를 꿈꾼다면 그에 관한 약점을 가장 알고 싶은 것이 인간의 원초적 본능이다. 그런데 세상은 왜 약점이 아닌 강점에만 집중하라고 하는 것일까. 현실과 사뭇 동떨어진 주장 아닌가. 어쩌면 우리에게 끔찍한 희망 고문을 하는 것인지도 모른다.

개인 및 조직(기업)의 성장과 잠재력을 좌우하는 것은 넘치는 요소, 즉 강점이 아닌 가장 부족한 요소, 다시 말해 약점이다. 약점에서 촉발되는 문제를 단숨에 커버할 만큼 대단한 강점이 있다면 그것을 더욱 키워나가는 것이 옳다. 하지만 그렇지 않다면 약점을 보완하고 극복해서 전체적으로 조화와 균형을 갖추는 게 생존과 경쟁, 발전에 훨씬 더 유리하다. 약점을 감춘 채 개인과 조직의 원대한 목표 달성 및 절묘한 균형감각 유지, 탁월한 생산성 향상 따위는 애당초 기대할 수 없기 때문이다.

사실 "강점에 초점을 맞춰 그것을 더욱 키워나가라"는 말은 이미 귀가 닳도록 들어왔다. 그에 반해 "약점에 초점을 맞추라"는 말은 일찍이 들어본 적이 거의 없을 것이다. 그 때문에 이 책의 내용이 다소 생소할 수도 있지만, 역으로 보면 참신함과 차별화, 고정관념을 깨뜨린다는 점

에서 그 어떤 책이나 주장보다도 탁월한 강점이 있다고 할 수 있다. 나아가 약점을 관리 및 보완하고 극복해야 할 대상이라는 피상적인 주장과 외침에만 머물지 않고, 흥미로운 이야기와 사례를 통해 그것을 강점으로 바꾸는 구체적인 방법론 및 5단계 노하우를 함께 제시하고 있어 매우 실용적이다.

약점 관리나 보완보다는 강점에 주력하라는 주장은 우리가 쌓아온 고정관념의 결과일 수도 있다. 또한, 그것은 1% 스페셜리스트와 조직을 위한 것으로 99% 제너럴리스트와 조직을 희생양 삼는 희망 고문에 지나지 않는다. 그 누구도 그 과정에서 희생당하는 제너럴리스트와 조직은 신경 쓰지 않기 때문이다. 중요한 것은 그래서는 더는 발전할 수 없다는 것이다. 따라서 이제 일차원적 사고에서 벗어나 더욱 입체적이고 창의적으로 생각해야 한다.

이 책은 2009년 《미니멈의 법칙》이란 제목으로 출간된 것으로 가필과 수정을 거쳐서 다시 세상의 빛을 보게 되었다. 그런 점에서 필자에겐 더없이 애정이 가는 내용이자 책이라고 할 수 있다.

끝으로, 졸저에 대해 독자들의 칭찬과 격려가 이어진다면 필자로선 더없는 영광이요, 기쁨일 것이다. 하지만 꾸지람과 질타가 이어진들 어쩌랴. 심적 부담이 다소 늘지언정, 더욱더 재미있고 유익한 책을 쓰는 계기가 될 것이다.

이제 공은 필자의 손을 떠났다.

봉담골 캠퍼스에서

김광희

★CONTENTS★

PROLOGUE   이율배반 세상의 잘못된 가르침   4

PART 1
강점의 역설 __ 부득탐승不得貪勝, 승리를 탐하면 절대 이길 수 없다

‘약점’이라고 쓰고, ‘축복’이라고 읽는다   13

삶의 대부분 문제는 약점을 건드리면서 촉발된다   18

무엇이 행복 수준을 결정하는가   27

치명적인 약점 하나가 승패를 가른다   34

사람이 갑자기 무너지는 이유   39

최고 리더 항우가 백수건달 유방에게 패한 결정적인 이유   43

결정적인 순간, 개인과 조직의 생사를 가르는 기준   48

인생은 곱셈, 어떤 기회가 와도 내가 제로면 아무런 의미가 없다   55

• • • **WEAKNESS STORY ❶** 사슬은 가장 약한 부분에서 끊어진다   60

PART 2
약점의 재발견 __ 사소취대捨小取大, 작은 것을 버리고 큰 것을 취하라

지금까지 해온 전투의 룰을 바꿔라   69

세상 대부분 경쟁은 '조금 더'의 차이   76

전체적인 수준을 올리려면 취약한 부분을 잡아야 한다   81

싸움에서 이기는 최고 비결   87

약함의 패러독스가 우리에게 주는 교훈   94

수많은 흠이 우리를 더욱 단단하게 만든다   101

최고 리더와 최악 리더는 무엇이 다른가   109

약점은 강점 안에, 강점은 약점 안에 존재한다   116

• • • WEAKNESS STORY ❷ 약점에 일어서고, 강점에 무너진다   130

PART 3

약점의 승부학 __ 공피고아攻彼顧我, 공격에 앞서 나를 먼저 돌아보라

가장 낮은 조건이 전체 수준을 결정한다   139

도쿠가와 이에야스가 천하를 장악한 비결   143

전체는 부분의 합보다 위대하다   150

도요타 '80점 주의 $+\alpha$' 뒤에 숨겨진 비밀   157

삶이라는 경기에 임하는 프로와 아마추어의 차이   165

• • • WEAKNESS STORY ❸ 약점으로부터 무조건 도망가지 마라   174

PART 4
약점을 강점으로__ 피강자보彼強自保, 상대가 강하면 먼저 보완해야 한다

약점을 강점으로 바꾸는 5단계 노하우   181

제1단계 : 약점 인정하기
스스로 인정해야만 강해질 수 있다   187

제2단계 : 절실하게 원하기
최고의 상황을 시각화하라   191

제3단계 : 구체적인 계획 세우기
명확한 목표가 지닌 놀라운 힘   197

제4단계 : 적극적으로 실천하기
자기 확신을 갖고 즉시 실천하라   202

제5단계 : 약점을 강점으로 변화시키기
생각을 바꾸는 순간, 약점은 강점이 된다   205

EPILOGUE   약점을 강점으로, 평범함을 비범함으로   210

참고문헌   214

우사인 볼트 놀라운 '반전의 비밀'

"나는 새 역사를 만들 것이다. 직접 와서 봐라."

남자 육상 100m 세계 신기록 보유자 우사인 볼트가 리우 올림픽 결승전을 앞두고 자신의 SNS에 올린 말이다.

며칠 후, 그는 9초 81이라는 놀라운 기록으로 결승선을 통과하며, 사상 최초로 올림픽 100m 3연패를 달성했다. "따라올 테면 따라와 봐"라고 말하는 그의 거침없는 세리모니에 사람들은 뜨거운 박수를 보냈다. 세계적인 육상 영웅에 대한 오마주이기도 했다.

그가 단거리 선수로 뛰기에는 매우 불리한 신체조건을 갖고 있었다는 사실을 아는 사람은 그리 많지 않다. 우선, 그의 큰 체격은 단거리 선수에겐 치명적인 약점이었다. 체격이 크면 보폭이 늘어나는 장점이 있지만, 순발력이 떨어지고 공기저항을 많이 받는다는 단점도 있었기 때문이다. 단거리 육상 선수 중 190cm가 넘는 선수가 드문 이유이기도 하다. 또한, 그는 어린 시절부터 척추 측만증을 앓아 척추가 변형된 상태로 뛰는 것 자체가 큰 모험이었다.

하지만 그는 자신만의 방법으로 그런 약점을 모두 극복했다. 척추 측만증으로 어깨와 골반이 평행을 이루지 못해 뛰는데 방해를 받자 웨이트 트레이닝에 집중해 근육의 밀도를 높였고, 어깨를 더 크게 흔들고 보폭을 넓혔다. 그렇게 해서 한 발, 한 발 내딛는 속도가 조금 느려도 보폭을 크게 해 전체 걸음 수를 줄였고, 41걸음에 100m를 주파했다. 사실 이 역시 단거리 선수에게는 치명적인 약점이었지만, 어린 시절 뛰었던 400m 경기 때 얻은 습관 덕분에 레이스 중반 이후 가속도가 붙었다. 큰 보폭에 가속도까지 붙으니 그야말로 적수가 없었고, 그때부터 그의 성공 신화가 시작되었다. 이렇듯 볼트의 경이로운 기록 뒤에는 약점을 강점으로 승화시킨 비밀이 숨어있다.

• • ● ●

PART 1

강점의 역설

부 不 득 得 탐 貪 승 勝

승리를 탐하면

절대 이길 수 없다

개인이건, 조직이건, 국가건 전혀 예기치 못한 단 한 방에 쓰러질 수도 있다.

그 한 방이 급소, 즉 치명적인 약점에 정통으로 내리꽂히면서 말이다. 비록

강점으로 그것을 덮고 감추고 있는 동안에는 안전한 것처럼 보일지 모르지

만, 결정적인 순간 그것이 고스란히 노출되면서 천길 벼랑 끝으로 내몰리게

된다. 새하얀 백지 위에 시커먼 먹물 한 방울이 떨어져 사방으로 번지듯이

말이다.

__ '삶의 대부분 문제는 약점을 건드리면서 촉발된다'에서

'약점'이라고 쓰고,
'축복'이라고 읽는다

인생은 자기가 원하는 대로만 이뤄지지 않는다. 하지만 우리는 거기서 그 이상으로 숭고하고 고귀한 것을 얻기도 한다.

인생의 진정한 축복, 무한한 가능성 있는 삶

인생의 축복은 과연 뭘까. 나라는 존재? 아니면, 지금 살고 있는 인생? 그게 아니라면 살면서 이루어야 할 꿈이 있다는 것?

혹자는 말한다. 인생의 절반은 고난과 역경의 연속이며, 나머지 절반은 그것을 보완하고 극복하기 위해 존재하는 것이라고. 그렇다면 걸림돌을 디딤돌로, 장벽을 보호막으로, 핑계를 새로운 기회로 바꾸는 무한한 가능성이야말로 진정한 축복 아닐까.

다음 글을 보자. '인생의 축복' 혹은 '환자의 기도'라는 제목으로 잘 알려진 시다.

큰일을 이룩할 수 있도록 힘을 주십사 신에게 원했건만

겸손을 익히도록 연약함을 주셨다.

더욱 위대한 일을 할 수 있도록 건강을 원했건만

더욱 좋은 일을 할 수 있도록 병약함을 주셨다.

행복해지고자 부를 원했건만

현명해질 수 있도록 가난을 주셨다.

세상 사람들의 칭송을 받고자 성공을 원했건만

신의 도움이 필요하도록 약점을 주셨다.

즐거운 인생을 누리고자 만물을 원했건만

만사에 기뻐할 수 있도록 삶을 주셨다.

원했던 것은 어느 것 하나 얻을 수 없었지만, 소망은 모두 들어주셨다.

이렇게 부족한 나인데도 말로 표현할 수 없는 마음속 기도는 모두 들

어주셨다.

나는 모든 사람 가운데 가장 넘치는 축복을 받았다.

미국 남북전쟁 당시 한 남군 병사가 썼다는 얘기도 있고, 뉴욕대학 부속병원 러스크 재활센터The Rusk Institute of Rehabilitation Medicine, New York University Hospital Centers 벽에 어느 환자(신부)가 남긴 것이라는 얘기도 있지만, 정확히 누가 썼는지는 밝혀지지 않았다.

현재 이 시는 뉴욕대학 부속병원 재활센터 대기실 벽에 'A creed for those who have suffered'란 제목의 동판으로 만들어져 걸려있다.

I asked God for strength, that I might achieve
I was made weak, that I might learn humbly to obey.

I asked for health, that I might do greater things
I was given infirmity, that I might do better things.

I asked for riches, that I might be happy
I was given poverty, that I might be wise.

I asked for power, that I might have the praise of men
I was given weakness, that I might feel the need of God.

I asked for all things, that I might enjoy life
I was given life, that I might enjoy all things.

I got nothing that I asked for-but everything I had hoped for.

부득탐승(不得貪勝), 승리를 탐하면 절대 이길 수 없다

Almost despite myself, my unspoken prayers were answered.

I am among all men, most richly blessed!

뜻대로 되지 않은 인생을 통해 얻게 되는 의외의 결과들

위 시가 세계적으로 사랑받게 된 계기는 조금 특별하다.

1950년대 미국 민주당 대통령 후보로 대통령 선거에 출마한 애들레이 스티븐슨Adlai Ewing Stevenson II이라는 사람이 있다. 그는 1952년 미국 대통령 선거에서 트루먼Harry S. Truman에게 패하고, 1956년에는 아이젠하워Dwight D. Eisenhower에게 패해 두 번에 걸쳐 쓰디쓴 패배를 맛보았는데, 실의에 빠져 우울한 나날을 보내던 어느 날, 우연히 방문한 한 시골 교회에서 이 시를 발견하고 정체 모를 강한 전율을 느꼈다고 한다. 그리고 그때부터 크리스마스 카드에 이 시를 옮겨 적어 지인들에게 보내기 시작했다. 그 때문인지 얼마 후 그는 실의를 툭툭 털고 일어날 수 있었고, 얼마 후에는 존 F. 케네디John F. Kennedy 대통령에 의해 유엔 주재 미국 대사로 발탁되기도 했다.

그의 진가가 발휘된 것은 제3차 대전이 터질지도 모른다는 절체절명의 쿠바 미사일 위기 때였다.

1962년 열린 유엔안전보장이사회 긴급회의에서 그는 소련 대표에게 쿠바에 미사일이 배치되어 있다는 구체적인 증거를 제시하면서 "Yes 아니면 No로만 대답하라"며 매섭게 몰아붙인 끝에 마침내 'Yes'란 대답을 끌어내는 데 성공한다. 그 자신이 일궈낸 인생 최고의 장면이기도 했다.

훗날, 그는 이렇게 말한 바 있다. 자신이 시골 교회에서 만난 까닭 모를 강한 전율의 정체는 원대한 희망이었노라고.

인생은 자기 바람이나 생각대로만 절대 이뤄지지 않는다. 하지만 우리는 거기서 그 이상으로 숭고하고 고귀한 것을 얻기도 한다.

MAIN POINT CHECK

- '약점'이라고 쓰고 '축복'이라고 읽는다.

- 인생의 절반은 고난과 역경의 연속이며, 나머지 절반은 그것을 보완하고 극복하기 위해 존재하는 것이다.

- 인생은 자기가 원하는 대로만 이뤄지지 않는다. 하지만 우리는 거기서 그 이상으로 숭고하고 고귀한 것을 얻기도 한다.

삶의 대부분 문제는
약점을 건드리면서 촉발된다

천 길 제방 둑은 작은 개미구멍 하나에 무너지고, 백 척 높은 집은 자그마한 연기구멍 때문에
타버린다.

__《한비자》〈유로〉편

완벽하게 보이는 사람들이 실패하는 이유

무엇 하나 부족해 보이지 않는 사람들이 직장생활이나 사업에서 실패
하는 이유는 과연 뭘까. 제임스 월드룹James Waldroop을 비롯한 하버드대학 경
영대학원 MBA 과정 교수들이 직장인 천여 명을 대상으로 조사한 결과
에 의하면, 그것은 단 한 가지 이유에서 비롯된다.

질문 하나. 그렇다면 그 한 가지란 과연 무엇일까?

이른바 그녀는 남자라면 모두가 한 번쯤 쳐다보는 S라인이다. 물론
그것이 그녀의 전부는 아니다. 오뚝한 코와 살짝 튀어나온 이마는 그녀

의 자존심을, 두 볼 깊이 파인 보조개와 하얀 피아노 건반처럼 가지런한 치아는 단아함을, 그리고 적당히 두툼한 입술은 남성들의 강한 유혹을 부른다. 게다가 일 처리마저 완벽하다. 약간 코맹맹이 목소리를 가졌다는 것을 제외하면, 겉으로 드러나는 그녀는 '꽃도 부끄러워하고 달도 숨을' 정도의 완벽한 미모와 실력을 갖추고 있다. 그런데 그런 그녀에게도 남모르는 고민이 하나 있다. 그녀 주변을 스토커처럼 끊임없이 맴도는 무수한 남성이 존재하건만, 정작 누구 하나 그녀에게 다가서지 않는다는 것이다. 자신도 그 이유를 모른다. 내후년이면 공자가 말한 자립할 나이라는 뜻의 '이립而立' 중반에 들어서건만, 싱글 딱지를 뗄 수 있을지는 여전히 불투명하다.

질문 둘. 남자들은 그녀에게 왜 다가가지 못하는 것일까?

자기 앞을 지나가는 사람들에게 질문한 후 정답을 맞추지 못하면 목숨을 빼앗았던 스핑크스 전설만큼 심각함 따위 필요하지 않다. 그저 편안히 두 질문에 대한 답을 떠올리면 된다.

개인이건, 조직이건 예기치 못한 한 방에 쓰러질 수 있다

"넌 내게 말했지~ 세상을 떠나 버린 후…"

잘생긴 외모와 파워풀한 댄스 실력, 뛰어난 가창력을 갖췄던 가수 스티브 유(가수 유승준의 미국 이름). 한때 최정상의 인기를 누렸던 그는 군 문제가 불거지면서 국내에서 가수로서의 생명이 끝나고 말았다.

7급 공무원 출신으로 그 능력을 인정받으며 초고속 승진을 거듭해 입지전적 인물로 불렸던 모 차관 역시 고작 수십만 원의 쌀 직불금 수령이라는 불법 한 방에 오명만을 남긴 채 사라졌다.

미국 오바마 정권에서도 비슷한 일이 있었다. 연방정부 예산의 효율적인 집행과 개혁을 모니터링 할 백악관 성과관리 최고책임자[CPO]로 임명된 낸시 킬리퍼[Nancy Killefer]. 그녀는 14년 전 고용했던 가정부와 관련해서 내야 할 세금 298달러를 미지급한 것이 문제가 되어 자리에서 물러났다.

이렇듯 우리 삶에서 돌출하는 수많은 문제는 필연적이라고 해도 좋을 만큼 자신 혹은 상대의 약점을 건드리면서 촉발한다. 그 결과, 단 한 번의 잘못이나 실수로 인해 그간 힘들게 쌓아 올린 인기와 명예 등 모든 것을 잃고 만다.

그것은 비단 공직자나 연예인에게만 한정된 일은 아니다. 기업과 기업이 생산하는 제품 역시 마찬가지다. 부품 하나의 결함을 시작으로 CEO의 실수(책임 회피), 노조 파업, 직원 비리 하나가 기업의 생사를 가르는 분수령이 될 수도 있다.

1986년 우주왕복선 챌린저호[Space Shuttle Challenger]가 발사대를 떠난 지 73초 만에 공중에서 폭발했다. 그 원인은 아주 사소한 데 있었다. 기체가 새지 않도록 해주는 '오링[O-ring]'이라는 고무패킹이 추운 날씨에 탄력을 잃어 제 기능을 하지 못했던 것이다. 조금만 관심을 가졌다면 충분히 사고를 막을 수 있었던 셈이다.

84년 역사를 자랑했던 세계적인 에어백 제조업체 다카타[Takata]의 파산 역시 아주 사소한 문제에서 시작되었다.

다카타는 한때 세계 시장 점유율 22%로 25%를 점유하던 스웨덴 기업 오토리브^{Autoliv}와 함께 세계 시장을 주도하며 도요타·벤츠·GM 등 주요 완성차 업체에 에어백을 납품하던 매우 탄탄한 기업이었다. 하지만 80여 년 동안 공들여 쌓아온 신뢰가 무너진 것은 한순간이었다. 에어백 가동 시 금속 파편이 튀는 문제로 전 세계에서 16명이 사망하고 180여 명이 다치는 일이 발생했다. 문제는 2004년에 제품 결함 가능성을 이미 파악했는데도 숨기는 데만 급급했다는 것이다. 심지어 책임회피까지 했다.

1763년 런던에 세워진 세계 최초 상업은행인 베어링은행^{Barings bank}. 1993년 말 이 은행의 자산총액은 59억 파운드, 1994년 세전 이익은 1억 5천만 달러에 달했다. 또한, 전 세계 49개국에 걸쳐 89개 사무소와 9천여 명에 달하는 직원을 보유하고 있었다. 그런 굴지의 은행이 단돈 1파운드에 네덜란드 기업 ING로 넘어가며 232년 역사를 끝낸 것은 닉 리슨^{Nick Lesson}이라는 불과 27살 신출내기 직원의 비리 때문이었다.

비단, 그뿐만이 아니다. 미국 7대 기업에 속하던 에너지 기업 엔론^{Enron}은 분식회계라는 요술 방망이를 마구 두들기다가, 백제 사람이 일본에 세운 무려 1,400년이나 된 세계 최장수기업 콘고구미^{金剛組}는 40대 당주의 비이성적인 차입 경영 때문에 한순간에 무너지고 말았다.

국가 역시 그 예외는 아니다. 조만간《Time》표지에 다음과 같은 문구가 등장할지도 모른다.

"시위문화에 발목 잡힌 한국, 마침내 추락하다."

사실 한국 국가 브랜드 가치는 실제보다 훨씬 저평가되어 있다. 수많은 외국인이 삼성전자와 현대자동차는 알아도 '코리아'는 모른다.

영국 브랜드 평가 컨설팅업체인 브랜드 파이낸스^{Brand Finance}에 따르면,

2015년 한국의 국가 브랜드 가치는 1조 920억 달러로 국내총생산^{GDP} 대비 브랜드 가치 비율이 76%에 불과한 것으로 나타났다.

그렇다면 한국 브랜드 가치가 이렇게 저평가된 이유는 과연 뭘까. 각종 이슈마다 '갈 데까지 가보자'라는 떼법의 전형인 '시위문화' 탓이다. 현실을 도외시한 채 자기들의 주장만 수용하라며 머리띠를 매고 악다구니 부리니 어느 기업인들 좋아하겠는가. 여기에 국민 정서법 역시 한몫한다. 그것은 한 번 발동하면 거칠 것이 없으며, 적법·탈법·편법·불법을 가리지 않는다.

문제는 그로 인해 우리 사회가 짊어져야 할 기회비용^{opportunity cost}이다. 생각건대, 직·간접적으로 연간 십 수조 원은 물 새듯 줄줄 새고 있음이 틀림없다. 그러니《CNN》같은 매체에 비싼 돈 들여가며 'Dynamic Korea', 'Creative Korea', 'Talk Talk Korea'를 외친들 아무 소용없다. 과격 시위가 두려워서 투자도, 방문도 못 하겠다는데 그렇게 외친들 공염불에 불과하기 때문이다.

시위문화와 더불어 장기적으로 우리 발목을 잡는 또 다른 요인은 지나치게 낮은 '출산율'이다. 휘황찬란한 문화와 1,000년 이상 유럽의 모든 문명에 영향을 준 위대한 제국 로마가 인구 감소 때문에 망했다는 사실은 우리에게 많은 점을 시사한다.

과거 대형 사고로 이어졌거나 이어질 뻔했던 열차 사고의 출발은 작은 볼트나 너트의 결함(불량)에서 비롯된 경우가 많다. 실제로 2011년 광명 터널에서 일어났던 탈선사고는 작은 볼트 하나 때문에 발생했다. 호화 여객선 타이타닉이 침몰한 이유 역시 배 밑바닥에 뚫린 작은 구멍 하나가 원인이었다. 사람은 산이 아닌 작은 조약돌에 걸려 넘어진다는 사실을 잘 보여주는 사례다.

글 역시 마찬가지다. 띄어쓰기 하나, 쉼표 하나에 전혀 다른 문장으로 바뀌기도 한다.

《한비자》〈유로〉 편을 보면 다음과 같은 이야기가 나온다.

> 천 길 제방 둑은 개미구멍 때문에 무너지고,
>
> 백 척 높은 집은 자그마한 연기구멍 때문에 타버린다.

아무리 험한 비바람에도 끄떡하지 않던 건물과 다리가 갑자기 붕괴하는 경우가 있다. 그 원인을 조사해보면 대부분 하찮고 사소한 데서 비롯된 경우가 많다. 그러니 어떤 일을 추진할 때 아무리 보잘것없는 부분이라도 절대 소홀히 해서는 안 된다. 공든 탑도 하루아침에 얼마든지 무너질 수 있음을 알아야 한다.

마찬가지로 개인이건, 조직이건, 국가건 전혀 예기치 못한 단 한 방에 쓰러질 수도 있다. 그 한 방이 급소, 즉 치명적인 약점에 정통으로 내리꽂히면서 말이다. 비록 강점으로 그것을 덮고 감추고 있는 동안에는 안전한 것처럼 보일지 모르지만, 결정적인 순간 그것이 고스란히 노출되면서 천길 벼랑 끝으로 내몰리는 것이다. 새하얀 백지 위에 시커먼 먹물 한 방울이 떨어져서 사방으로 번지듯이 말이다.

100-1은 산술적으로는 99가 맞다. 하지만 우리 삶에서는 얼마든지 0이 될 수도 있음을 알아야 한다. 냉혹하지만, 그것이 세상의 순리고 진

리다.

약점 하나 때문에 모든 것을 잃을 수도 있다

이제 첫머리에 던진 질문에 답할 차례다.

'첫 번째 질문'의 답은 치명적인 약점 하나 때문에 실패라는 고통스러 운 잔을 들 수밖에 없었다는 것이다.

세계적인 경영 컨설턴트이자 동기부여 전문가 브라이언 트레이시^{Brian} ^{Tracy} 역시 그의 저서《미래를 움직이는 경영전략》에서 이와 비슷한 얘기를 한 바 있다.

"주요 동맥 한 군데만 막혀도 건강한 사람이 심장 발작을 일으키고 생명을 잃을 수도 있다. 몇 년 전 조깅 붐을 일으켰던 미국 육상 선수 제임스 픽스^{James Fixx}가 달리기를 하다가 심장 발작으로 쓰러진 이유는 혈소판 하나가 늘어나 심장 속으로 들어갔기 때문이다. 픽스는 전 세계에서 가장 건강한 사람 중 한 명이었다. 사업, 경력, 개인의 삶 역시 마찬가지다. 치명적인 약점 하나 때문에 많은 것을 — 아니, 모든 것을 — 잃을 수도 있다."

누구나 강점과 약점을 함께 갖고 있다. 문제는 약점이다. 약점은 마치 그림자처럼 자신을 따라다닌다. 그러다가 가장 힘을 발휘해야 할 중대하고 결정적인 순간 뒷다리를 잡고 넘어진다. 그 때문에 약점을 방치하면 언젠가는 쓰러질 수밖에 없다.

다음은 '두 번째 질문'에 대한 답이다.

뭇 남성이 비집고 들어갈 작은 틈새조차 그녀에겐 없었다. 그 결과, 누구 하나 그녀에게 쉽게 다가가지 못했다.

필부필부匹夫匹婦의 약점이란 사랑과 우정처럼 때로는 서로의 마음을 잇는 강력한 연결고리가 되기도 한다. 약점 없는 사람에게서 정을 느끼지 못하는 이유 역시 바로 그 때문이다.

평소 완벽한 사람이라고 생각했던 사람에게서 '그 역시 나와 똑같은 사람'이라고 느끼는 순간이 더러 있다. 그의 약점을 발견했을 때다. 평소 그렇게 자신감 넘치고 도도하던 사람이 자신과 별반 다르지 않은 약점을 갖고 있다는 데서 묘한 흥분과 희열을 느끼는 것이다. 그러니 그가 자신보다 훨씬 더 크고 많은 약점을 갖고 있다면 그 정도는 두말할 나위가 없다.

그런 점에서 겉으로 드러나는 그녀의 모습은 완벽 그 자체였지만, 내적 모습(약점)은 어느 것 하나 보여주지 못했기에 어느 남성도 감히 접근하지 못했던 것이다.

■ 우리 삶에서 돌출하는 수많은 문제는 자신 혹은 상대의 약점을 건드리면서 촉발된다.

■ 약점은 강점으로 덮고 감추고 있는 동안에는 비록 안전한 것처럼 보일지 모르지만, 결정적인 순간 드러나면서 천길 벼랑 끝으로 내몰리게 된다.

■ 100 - 1은 산술적으로는 99가 맞지만, 우리 삶에서는 얼마든지 0이 될 수도 있음을 알아야 한다.

무엇이
행복 수준을 결정하는가

몸과 마음, 그리고 정신, 이 세 가지가 조화와 균형을 이룰 때 인간은 가장 행복해질 수 있다. 몸은 튼튼한 건강을 기초로, 마음은 풍요로운 부를 통해서, 정신은 도덕적 품위라는 명예를 업고서 조화와 균형을 이룰 수 있다.

사람 수만큼이나 다양한 행복의 기준과 정의

행복은 미묘한 감정일까, 심오한 정신 작용일까. 아니면 불행하지 않은 현재의 충만감일까.

모든 인간은 행복을 추구할 권리, 즉 행복 추구권을 갖고 있다. 대한민국 헌법 제10조에서도 엄연히 그것을 밝히고 있다.

"모든 국민은 인간으로서의 존엄과 가치를 가지며, 행복을 추구할 권리를 가진다."

이는 인간의 가장 기본적 욕망인 행복하게 살 권리를 헌법에 기록해서 국가적인 차원에서 보장한다는 뜻으로, 누구나 태어난 순간부터 행복할 권리를 갖고 있음을 천명한 것이다.

문제는 모두가 행복하지 않다는 데 있다. 그 이유는 다양하다. 그렇다면 모두가 행복해질 수 있는 솔로몬의 지혜는 없을까. 단언컨대, 그런 마법은 없다. 행복의 기준과 정의가 사람마다 다르기 때문이다.

그런 이유로 전 세계 75억 인구수만큼이나 행복의 정의 역시 다양하다. 그런데도 행복이 무엇이냐고 묻는다면 이렇게 말하고 싶다.

"인간으로서 최소한 고통이 없고, 원하는 것을 하거나 갖고 누릴 수 있는 상태."

어쨌건 행복은 매우 주관적인 영역임이 틀림없다. 하지만 가장 고전적이면서도 여전히 막강한 행복의 조건이 있다.

첫째, 건강

둘째, 부

셋째, 명예

"'재물'을 잃는 것은 인생의 일부를 잃는 것이요, '명예'를 잃는 것은 인생의 절반을 잃는 것이며, '건강'을 잃는 것은 인생의 전부를 잃는 것이다."라는 말도 있을 만큼 행복에 있어 매우 중요한 조건들이다. 특히 인간이 사회적 존재임을 누구보다 잘 꿰었던 '스토아학파stoicism'는 이 세 가지 조건을 '인간 행위의 최고 목적과 이상이자 행위의 근본 기준이 되는 선', 즉 '지고선'을 향한 수단이라고 생각했다.

누구나 속으로는 그것을 인정하고 간절히 누리고 싶어 한다. 하지만 겉으로는 인정하지 않는다는 것이 문제다.

사실 인간에게 건강만큼 중요한 행복 조건은 없다. 인간이 살아가는 목적은 괴로움 때문이라는 삐딱한 시선을 가졌던 철학자 쇼펜하우어^{Arthur} ^{Schopenhauer} 조차도 이를 인정했다.

"인간의 행복은 대부분 건강에 의해 좌우된다. 건강은 즐거움과 기쁨의 원천이다."

혹자는 돈으로 살 수 있는 행복은 없다고 하지만, 21세기 최첨단 시대를 사는 사람들이 그것을 곧이곧대로 받아들일 리 없다.

미국 펜실베이니아대학 와튼스쿨 벳시 스티븐슨^{Betsey Stevenson}과 저스틴 울퍼스^{Justin Wolfers} 교수가 전 세계 132개국의 과거 50년간 자료를 분석한 결과, 잘사는 나라일수록 의료 및 교육 등 복지 정책이 발달해서 국민들의 행복 수준 역시 높았다.

행복하기 위해서 반드시 부자일 필요는 없다. 하지만 부는 행복에 이르는 가장 강력한 수단이자, 지름길임이 틀림없다. 반만년 역사를 자랑하는 한자에도 그것이 잘 드러나 있다. 돈金이 세 개 모이면 '기쁠 흠鑫' 이 된다. 마음이 기쁘고 즐거운데, 어찌 행복하지 않겠는가.

행복한 사람일수록 바쁜 일상 속에서 풍경을 즐긴다. 그리고 그 여유는 대부분 돈으로부터 나온다.

"명예를 잃는 것은 인생 전부를 잃는 것"이라는 독일 격언처럼 명예는 한 사람의 덕행과 올바른 삶에 대한 보상이라고 할 수 있다.

사람은 누구나 남에게 인정받고 싶은 욕구가 있다. 그 때문에 명예야말로 인간의 가장 원초적인 행복 조건이라고 할 수 있다. 만일 대학에 '행복학과'가 생긴다면 '건강과 부 그리고 명예' 세 과목은 선택이 아니라 필수과목이 될 것이다. 세 톱니바퀴가 서로 잘 맞물려 돌아갈 때 비로소 행복이라는 최고의 선물을 얻을 수 있기 때문이다.

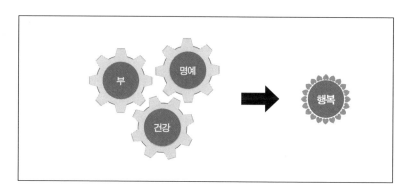

● 행복의 3가지 조건 ●

행복 수준은 가장 낮은 조건이 결정한다

이제 당신의 행복 수준을 알아보자. 최고 점수를 100점으로 환산할 때 당신의 세 가지 조건 점수는 다음과 같다고 하자.

● 건강 : 50점
● 부 : 90점
● 명예 : 80점

어떤 이들은 점수가 높으면 행복 수준 역시 당연히 높을 것으로 생각한다. 하지만 그것은 착각에 불과하다.

위의 경우 세 가지 조건을 모두 더하면 220점으로 만점인 300점에 가깝다. 따라서 다른 사람과 비교했을 때 비교적 행복하다고 할 수 있다.

다음 그림을 보자.

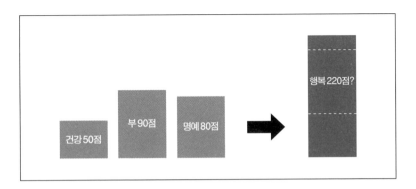

● 행복 수준은 모든 조건의 합? ●

위 그림처럼 현재 당신의 행복 수준은 220점이 맞는 것일까. 그렇지 않다. 행복 수준은 위 그림처럼 세 가지 조건을 더한 크기가 절대 아니기 때문이다.

행복 수준은 세 가지 조건 중 가장 낮은 점수에 의해 결정된다. 따라서 현재 당신의 행복 수준은 세 가지 조건의 합인 220점이나 그 평균인 73.3점이 아닌, 가장 낮은 점수인 건강의 50점에 불과하다. 따라서 행복 수준을 높이려면 세 가지 조건 중 가장 낮은 점수인 건강을 집중적으로 관리하고 보완해야 한다. 그렇지 않으면 부와 명예를 만점까지 높이더라도 행복 수준은 절대 높아질 수 없다.

'도베네크Dobeneck' 물통 이야기를 한 번쯤 들어봤을 것이다. 도베네크의 물통은 위의 행복 수준을 물통에 빗대 단순하고 명쾌하게 풀어주고 있다.

물통은 세 가지 조건의 합판으로 이루어져 있는데, 각 합판의 높이는 서로 다르다. 그 때문에 물통에 아무리 물을 많이 옮겨 부어도 물은 항상

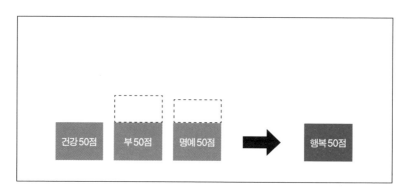

● 행복 수준은 가장 낮은 조건에 의해 결정된다 ●

가장 낮은 수치의 합판만큼만 채울 수 있다.

물통에 채울 수 있는 물의 높이를 행복이라고 하면, 부와 명예를 아무리 높인다고 해도 건강이 낮으면 물을 그 높이 이상 채울 수 없듯, 행복수준 역시 건강 수준밖에 될 수 없다. 이는 한 인간의 성장과 잠재력을좌우하는 것은 넘치는 요소, 즉 강점이 아닌 가장 부족한 요소인 약점임을 의미한다.

혹자는 행복에 관해서 이렇게 말하기도 한다.

"행복은 기회가 아닌 지적능력이며 얼마든지 스스로 익히고 개발할수 있다."

그렇다면 위에서 말한 행복의 세 가지 조건에 지적능력을 포함하는 건어떨까. 아무리 부유하거나 명예가 높아도 지적능력이 떨어지면 불행할수 있기 때문이다.

행복은 종착역이 아니라 목표를 향해 달려가며 매 순간 맛봐야 할 선물과도 같다. 그만큼 행복의 정의와 조건, 수준은 천차만별이며, 만족감

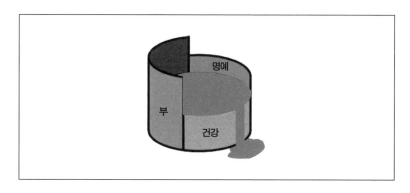

• 도베네크의 물통 이론 •

역시 시간이 지나면 자연스럽게 떨어진다.

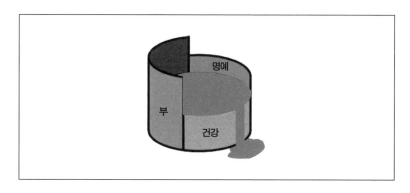

MAIN POINT CHECK

- 건강 · 돈 · 명예는 모든 사람이 속으로 간절히 원하고 갖고 싶어 하지만, 겉으로는 인정하지 않는 것들이다.
- 물통에 물을 아무리 많이 옮겨 부어도 물은 항상 가장 낮은 수치의 합판만큼만 채울 수 있다.
- 한 인간의 성장과 잠재력을 좌우하는 것은 흘러넘치는 요소, 즉 강점이 아닌 가장 부족한 약점이다.

치명적인 약점 하나가
승패를 가른다

쇠사슬의 강도는 가장 약한 한 고리에 달려있다. 우리 인생 역시 마찬가지다.

___ 윌리엄 제임스

과락=가장 약한 고리=인생

"과락 제도를 규정한 것은 사법시험의 제도적 취지를 달성하는 데 필요하고 적합한 수단이며, 과락 제도와 점수 설정은 응시자 모두를 대상으로 차별 없이 적용하는 것이므로, '매 과목 4할 이상'이라는 과락 결정 기준은 합리적인 정책판단 하에서 이뤄진 만큼 평등의 원칙에도 반하지 않는다."

이는 제43회 사법시험 2차 시험에서 탈락한 이 모 씨가 "사법시험 과락 기준이 너무 엄격하다"라며 낸 소송에 대한 대법원의 판결 요지로써, 사법시험에서 전체 평균과 무관하게 특정 과목이 40점 미만이면 불합격시키는 '과락' 제도는 합법임을 밝힌 것이다.

당시 소송에 나선 이 모 씨는 합격선인 50.57보다 높은 52.35점을 받았지만, 행정법에서 40점 미만인 38.50점을 받아 불합격했다. 소송 당사자의 심정이야 말해서 뭐하겠는가만, 다른 수험생보다 높은 점수를 받고도 한 과목 과락 때문에 불합격했으니 생각할수록 답답할 것이 틀림없다.

실제로 제45회 사법시험 제2차 시험의 경우 합격선이 42.64점이었지만, 선발 예정이었던 1,000명보다 100여 명 정도 밑도는 905명만을 합격자로 발표했다. 수험생의 81.9%가 과락을 당했기 때문이다.

법무부에 따르면, 1963년 제1회 사법시험을 시작으로 2017년까지 20,766명의 법조인이 사법시험을 통해 배출되었다. 하지만 그런 사법시험도 제59회 시험을 끝으로 역사 속으로 사라지고 말았다.

쇠사슬의 강도는 가장 약한 부분이 좌우한다

사법시험은 사라졌지만, 과락은 여전히 우리 곁에 존재한다. 가깝게는 공인중개사 시험부터 각종 자격증 시험, 공공기관 및 공무원 시험에 이르기까지.

2017년 국가직 9급 공무원 시험의 평균 과락률은 46.3%였다. 인사혁신처에 의하면, 응시자 172,691명 중 80,006명이 과락자로 밝혀졌다. 특히 일반토목직의 경우 무려 70.3%가 과락을 당했다.

또한, 법원행정처가 주관하는 법원직 9급(법원사무직·등기사무직) 공채의 경우 최근 3년 동안(2014~2016년) 과락률이 64.8%였다. 여기에 2016년 국회 9급 공채시험의 과락률은 45.9%였으며, 8급 공채 과락률은

부득탐승(不得貪勝), 승리를 탐하면 절대 이길 수 없다

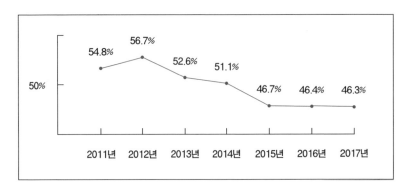

● 최근 7년간 국가직 9급 공무원시험 과락률 ●

71.8%였다. 시험 과목 중 어느 한 과목에서라도 40점을 채 맞지 못한 것이다.

　과락은 모든 수험생을 공포로 몰아넣는 피도 눈물도 없는 저승사자와도 같다. 한 과목이라도 과락을 당하면 해당 시험 자체가 모두 허사가 되고 말기 때문이다. 이를 쇠사슬에 비유하면, 그 강도를 규정하는 가장 약한 고리이자, 엘리 골드랫Eliyahu M. Goldratt의 제약이론(Part 3 참조)에 등장하는 보틀넥(병목)이라고 할 수 있다.

　"쇠사슬의 강도는 가장 약한 한 고리에 달려있다. 우리 인생 역시 마찬가지다."

　미국을 대표하는 철학자이자 심리학자 윌리엄 제임스William James의 처절한 외침이다.

　인생에는 사전 연습도, 경기 전에 벌이는 스파링도, 재경기도 없다. 하루하루가 피 튀기는 결승전일 뿐이다. 그렇다면 인생 과락만큼은 반드시 면해야 한다.

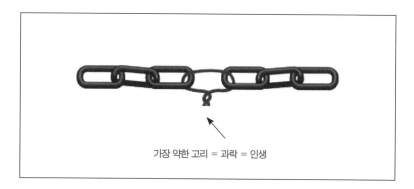

가장 약한 고리 = 과락 = 인생

● 쇠사슬 성공 이론 ●

당신의 능력과 수준을 규정하는 '가장 부족한 부분'은 무엇인가. 또한, 당신의 강점과 잠재력을 갉아먹는 '가장 약한 부분'은 무엇인가. 가질 수 있고, 누릴 수 있고, 나눌 수 있는 것이 헤아릴 수 없을 만큼 많은데도 이를 발견하지 못하는 것은, 우리가 의식하지 못하는 가운데 인생 과락에 발목 잡혀 있기 때문은 아닐까.

부득탐승(不得貪勝), 승리를 탐하면 절대 이길 수 없다

■ 각종 자격증 시험 및 공공기관, 공무원 시험에 이르기까지 과락은 여전히 우리

곁에 존재한다.

■ 쇠사슬의 강도는 가장 약한 고리가 결정한다. 우리 인생 역시 마찬가지다.

■ 가질 수 있고, 누릴 수 있고, 나눌 수 있는 것이 헤아릴 수 없을 만큼 많은데도

이를 발견하지 못하는 것은, 우리가 의식하지 못하는 가운데 인생 과락에 발목

잡혀 있기 때문이다.

사람이
갑자기 무너지는 이유

사람이 갑자기 무너지는 것은 막강한 강점이 없기 때문이 아니다. 자신이 평소 과소평가했거나 미처 극복하지 못한 약점 때문에 무너진다. 그런 점에서 약점은 삶의 보틀넥이라고 할 수 있다.

삶의 보틀넥, 약점

"자연의 일부인 땅을 사랑할 뿐 투기와는 전혀 상관없다."

10여 년 전 모 장관 후보자가 인사청문회에서 땅 투기 의혹과 관련해서 한 말이다. 그 말을 듣는 순간, 실소를 금할 수 없었다. 뇌물은 받았지만, 비리는 아니며, 음주운전은 했지만, 술은 마시지 않았다는 얘기가 떠올랐기 때문이다.

우리 사회에는 고위 공직에 지명된 후보자가 자기가 맡을 직무를 수행하는 데 있어 적합한 능력과 자질, 도덕성 등을 그동안 살아온 이력과 말, 재산 형성 과정 등을 통해 공개적으로 검증하는 제도가 있다. '인사청문회' 제도가 바로 그것이다.

인사청문회는 대통령이 고위 공직자를 임명할 때 국회의 검증절차를 거치는 유효한 장치로 국무총리를 비롯한 대법원장, 헌법재판소장, 감사원장, 대법관 및 국무위원(장관)이 그 대상이다. 하지만 국민들의 인사청문회에 대한 비판과 불신은 여전하다. 대통령이 추천한 후보를 여당은 맹목적으로 밀어주고, 야당은 트집 잡기와 흠집 내기로만 일관해 본래 취지를 살리지 못하고 있기 때문이다.

"민무신불립民無信不立"이라는 공자 말이 있다. "백성의 믿음이 없으면 나라가 바로 설 수 없다"는 뜻으로, 인사청문회와 관련해서 우리가 명심해야 할 말이기도 하다.

문제는 인사청문회 제도가 생긴 후 국무총리 및 장·차관, 고위 공무원 인선에 정부가 큰 곤란을 겪고 있다는 점이다. 총리 할 사람, 장관 할 사람 찾는 게 쉽지 않기 때문이다.

고위 공직자 후보자로 지명되면 관계기관에 의뢰해서 납세·부동산·주민등록·전과 기록들을 꼼꼼히 따져보고, 학자의 경우 논문 표절 여부도 확인하는데, 문제가 안 되는 사람이 거의 없다고 한다. 또한, 기록 조회를 위해 본인에게 동의를 구하면 60% 이상이 고개를 젓기 일쑤란다. 청문회를 통과할 자신이 없기 때문이다. 쉽게 얘기해서 자신의 약점 때문에 제의를 선뜻 수락하지 못하고 한숨만 쉬는 것이다. 그러니 "털어서 먼지 안 나는 사람 드물다"라는 말도 이들 앞에선 무색할 지경이다.

약점을 방치하면 언젠가는 무너진다

관점에 따라서는 우리 사회를 너무 얕보거나 깎아내리는 것 같아서 불편해할 사람도 있을 것이다. 아닌 게 아니라 우리 주변에는 능력 있고 깨끗하며 양심적인 사람들도 꽤 많다. 하지만 반대로 그런 말에서 카타르시스를 느끼는 사람도 있다. 완전히 틀린 말만은 아니기 때문이다.

국무총리 후보로 거론될 정도면 분명 일반인의 예상을 뛰어넘는 탁월한 '강점'의 소유자임이 분명하다. 수많은 '약점'을 충분히 덮고도 남을 만큼의 막강한 '강점' 말이다. 하지만 실상은 그렇지 못한 경우가 많았다. 대부분 거대 여당이 똘똘 뭉쳐서 지원사격을 해주거나, 크게 흠결이 없어 무사히(?) 넘어가곤 했다. 자신의 강점을 활용해서 청문회를 무사통과한 사람은 거의 없다. 이는 약점을 덮을 만큼 출중한 강점을 지닌 사람이 그리 많지 않다는 반증 아닐까.

그간의 휘황찬란한 경력과는 달리, 검증 과정에서 몇 가지 미심쩍은 이력이 드러나서 도덕적 시비 끝에 자리에서 물러난 경우도 더러 있다. 병역 면제 · 부동산 투기 · 탈세 · 위장 전입 · 논문 표절 · 자녀 이중 국적 문제 등 그 종류 역시 헤아릴 수 없을 정도다. 이에 현 정부는 병역 면제 · 부동산 투기 · 탈세 · 위장 전입 · 논문 표절 등을 5대 비리로 지정, 관련자의 고위공직 원천 배제를 선언했다.

대한민국 국민이라면 누구나 지켜야 할 4대 의무가 있다. 국방 · 교육 · 근로 · 납세의무가 그것으로, 이 중 하나라도 문제가 있으면 나머지 세 가지를 아무리 충실히 수행했다고 해도 공직자로서 자격 미달이다.

사람이 갑자기 무너지는 것은 막강한 강점이 없기 때문이 아니다. 자신이 평소 과소평가했거나 미처 극복하지 못한 약점 때문에 무너진다. 그런 점에서 약점은 삶의 보틀넥이라고 할 수 있다.

- 지금까지 인사청문회를 통과한 후보자들은 대부분 거대 여당이 똘똘 뭉쳐서 지원사격을 해주거나 아니면 크게 흠결(약점)이 없는 경우로 한정할 수 있다.

- 자신의 약점을 덮고도 남을 만큼 출중한 강점을 지닌 사람은 거의 없다.

- 사람이 갑자기 무너지는 것은 막강한 강점이 없기 때문이 아니다. 자신이 평소 과소평가했거나 미처 극복하지 못한 약점 때문에 무너진다.

최고 리더 항우가
백수건달 유방에게 패한 결정적인 이유

삼류 리더는 자기 능력을 사용하고, 이류 리더는 타인의 힘을 사용하며, 일류 리더는 타인의 능력을 사용한다.

__《한비자》

최고 리더 항우 vs 유약한 깡패 유방

수많은 중국인이 역사상 가장 치열하고 처절했던 싸움으로 '초한전'을 꼽는다. 그만큼 극적인 기승전결이 펼쳐진 애달픈 싸움이었다는 것이 역사가들의 평가다.

알다시피, 초한전은 서초패왕 '항우'와 한고조 '유방'이 중국 대륙을 통일하기 위해서 명운을 걸고 벌인 싸움이다.

기원전 3세기 말, 진시황이 중국 역사상 최초로 통일 제국을 건설함으로써 수많은 영웅이 좌웅을 겨루던 춘추전국시대는 비로소 막을 내린다. 하지만 시황제 사후 진의 통제력이 급격히 흔들리기 시작하자, 천하는 다시 큰 혼란에 빠지고, 가혹한 법제로부터 자신을 지키기 위한 농민들

부득탐승(不得貪勝), 승리를 탐하면 절대 이길 수 없다

의 반란(진승·오광의 난)과 군웅들의 봉기가 전국 각지에서 일어난다.

항우 역시 그 혼란을 패권 장악의 기회로 생각하고 숙부 항량과 함께 군사를 일으켰다. 그의 나이 불과 24살 때였다. 그리고 3년 후, 천하 패권을 다투는 군웅 중 그는 가장 맨 앞에 섰고, 진나라가 멸망하자 초나라를 세워 스스로 서초패왕이라고 칭했다.

사실 그는 명문 귀족 출신으로 8척 장신에 건장한 체력과 용맹함을 갖추고 있었을 뿐만 아니라 일찍부터 서도와 검술을 배우는 등 만반의 준비를 갖추고 있었다. 다만, 글공부를 싫어해 숙부 항량에게 꾸중을 듣자 이렇게 말했다고 한다.

"글이야 제 이름 석 자만 쓸 줄 알면 충분합니다. 다만, 검술은 만인을 대적하는 것을 배우고 싶습니다."

회계산에 행차한 진시황제의 성대한 행렬을 보고는 "저놈 자리를 내가 반드시 차지할 테다"라고 했다는 일화가 사마천의 《사기》에 전하기도 한다.

그는 생사를 넘나드는 전쟁터에서 항상 맨 앞에 섰으며, 전략과 지모, 용맹함 등 모든 면에서 최고 장수였다.

반면, 그의 숙적 유방은 미천한 농민 출신으로 여자 꽁무니만 쫓아다니는 술꾼이자, 혼자서는 무엇 하나 제대로 처리하지 못하는 유약한 깡패에 지나지 않았다. 서른이 될 때까지 술집에 틀어박혀 생활했다는 이야기도 있다. 또한, 최고 자리에 있으면서도 최전선에 나가서 싸우지 않았으며, 타인을 배려할 줄도 몰랐다. 초나라에 패해 도망가던 중 초나라 군사들이 바짝 쫓아오자 수레에 함께 타고 있던 두 아이를 밖으로 밀어낼 만큼 무례하고 냉정한 아비이기도 했다. 다행히 그 모습을 지켜본 그의 부장 하후영이 재빨리 아이들을 구했지만, 오히려 그에게 불쑥 화를 냈다고 한다.

"이렇게 위급한 상황에서 아이들까지 수레에 태워야 한단 말인가? 그러다가 놈들에게 잡히기라도 하면 어쩔 셈인가?"

이렇듯 두 사람의 성격과 배경만 봐도 항우가 승리하지 못한 것이 이상할 정도다. 만일 일대일로 싸웠다면 틀림없이 항우가 이겼을 것이다. 실제로 사마천은 《사기》에서 두 사람을 일컬어 이렇게 말한 바 있다.

"비록 유방은 성공했지만 건달에 불과하고, 항우는 비록 실패했지만 세상을 놀라게 한 영웅이다."

후세의 평가야 어떻든 천하의 주인 자리는 항우가 아닌 유방이 꿰찼다. 역사의 아이러니가 아닐 수 없다.

모든 면에서 뛰어났지만,
딱 하나가 부족했던 항우의 치명적인 약점

항우는 70여 회에 걸친 전쟁에서 단 한 차례도 패한 적이 없을 만큼 연전연승을 기록했다. 그런 그가 기원전 202년 유방의 부하 한신이 지휘하는 해하(오늘날의 안후이성) 전투에서 패함으로써 31살이라는 젊은 나이에 역사의 뒤안길로 사라지고 말았다. 최초의 일패가 항우에게는 비참한 죽음과 몰락을 안겨주었고, 최후의 일승이 유방에게는 천하통일이라는 대업을 안겨준 것이다. 이 얼마나 허무하고 애통하며, 한편으로는 절묘하고 통쾌한 승패의 갈림길인가.

그렇다면 '역발산기개세力拔山氣蓋世'를 자랑하던 항우가 모든 면에서 자기보다 열세였던 유방에게 천하의 주인 자리를 내준 이유는 과연 뭘까.

항우의 행보를 거슬러 올라가다 보면 그에게 치명적인 약점이 하나 있음을 발견할 수 있다.

"사람이 하늘이고, 인재는 하늘을 떠받치는 기둥用人是上"이라는 옛말이 있다. 용인술用人術의 부족. 그것이 바로 항우의 치명적인 약점이었다.

"삼류 리더는 자기 능력을 사용하고下君盡己能, 이류 리더는 타인의 힘을 사용하며中君盡人力, 일류 리더는 타인의 능력을 사용한다上君盡人能."

《한비자》에 나오는 말이다. 사실 모든 면에서 항우가 유방을 앞섰지만, 용인술에서만큼은 유방이 일류라면 항우는 삼류 리더에 불과했다. 실제로 유방 휘하에는 삼현三賢이라 불리는 한신과 장량, 소하 같은 유능한 인재가 구름떼처럼 모여들었고, 유방은 그들을 적재적소에 배치했다. 그러나 항우는 주위의 인재마저도 제대로 활용하지 못해서 적으로 만들거나 떠나보냈다. 특히 두 명의 걸출한 인재를 떠나보낸 것이 훗날 천하통일을 무위로 만든 결정적인 단초가 되었다. 한신과 범증이 바로 그들이다.

알다시피, 한신은 유방의 천하통일에 지대한 공헌을 한 명장 중의 명장이다. 그가 처음부터 유방의 부하였던 것은 아니다. 농민 진승과 오광이 반란을 일으켰을 당시 그는 항우가 이끄는 서초군에 가담했지만, 항우가 자신의 재능을 몰라주자 곧 불만을 품고 유방 진영으로 옮긴다.

사실 항우는 숙적 유방을 죽일 기회가 여러 번 있었다. 그런데도 그 기회를 제대로 살리지 못했다. 실제로 '홍문의 연회鴻門之會'에서 군사軍師 범증이 여러 차례 유방을 제거할 것을 강력히 권고하였지만, 항우는 자신의 용맹함과 세력만 믿고 유방을 그대로 돌려보냈다. 그러자 범증은 이렇게 말하며 그의 곁을 떠났다.

"왜 그렇게 어리석은 행동을 하십니까? 이것으로 천하는 유방의 것이 될 것입니다."

만일 홍문의 연회에서 범증의 말대로 유방을 죽였다면 항우의 기세를 꺾을 세력은 오랜 기간 존재하지 않았을 것이다.

이렇듯 항우는 칼과 창을 들고 싸우는 실제 싸움에는 능했지만, 자신의 치명적인 약점, 즉 지인선용知人善用의 미숙함으로 인해 모든 면에서 열세했던 유방에게 패해 역사의 뒤안길로 사라지고 말았다.

☞ **MAIN POINT CHECK**

■ 전략과 지모, 용맹함 등 모든 면에서 항우가 유방보다 뛰어났지만, 용인술에서 만큼은 유방이 일류라면 항우는 삼류 리더에 불과했다.

■ 최초의 일패가 항우에게는 비참한 죽음과 몰락을 안겨주었고, 최후의 일승이 유방에게는 천하통일이라는 대업을 안겨주었다.

■ 승리는 하늘이 내리는 것이 아니라 사람이 만드는 것이다. 즉, 장수의 용병술이 모든 것을 결정한다. 모든 면에서 유방보다 앞섰던 항우는 용인술 하나가 부족해서 천하를 잃고 말았다.

결정적인 순간,
개인과 조직의 생사를 가르는 기준

기업은 '회사의 약점을 거버해줄 인재'가 필요하기 때문에 사람을 뽑는나. 기업이 가신 강점을 더욱 부각해줄 사람을 뽑는 것이 아니다. 모자라거나 부족한 부문을 채워줄 사람을 뽑는다.

기업이 필요로 하는 인재의 조건

구직 활동의 최대 관문 면접. 이를 방증하듯, 누구나 면접 달인으로 만들어준다는 각종 지침서가 쏟아져 나오고 있다.

면접관들이 가장 많이 묻는 질문은 지원 동기 및 경력에 관한 것이다. 그런데 언제부터인가 단골 질문이긴 하지만, 대답하기가 쉽지 않은 질문이 등장했다. "당신의 약점은 무엇입니까?"라는 질문이 바로 그것이다.

면접관들은 지원자의 약점을 찾기 위해서 최선을 다한다. 그것이 자신들의 최우선 과제이자 의무이기 때문이다. 하지만 면접이라는 긴장감 속에서 약점과 관련된 질문을 받은 지원자는 극도로 혼란스럽고 당황하기에 십상이다. 대부분 머릿속이 하얗게 되면서 순간 혈압이 180을 오르내린다. 그리고 곧 어떤 소리에 정신이 번쩍 든다.

"그만 됐습니다. 나가보세요."

자신의 강점을 더욱 키워나가라고만 배운 이들에게 "약점이 뭐냐?"고 묻거나 그것을 추궁하는 질문은 여간 곤혹스러운 게 아니다. 더욱이 지금껏 상대의 강점이나 장점을 칭찬하라고만 귀에 못이 박이도록 들어왔지 않은가. 예컨대, "너 정말 잘하는구나!"라는 얘기는 들어봤을지언정, "이 정도밖에 안 되니? 당장 고쳐!"라는 비난에 가까운 지적을 받은 경우는 거의 없다. 그러다 보니 자신조차도 어느 순간부터 약점은 감춘 채 강점과 장점만 가진 사람으로 오해하곤 한다. 설령, 약점을 정확히 알고 있다고 해도 그것을 다른 사람에게 주절주절 늘어놓기란 여간 힘든 게 아니다. 더욱이 그것이 면접 자리라면 더욱더 그렇다.

그렇다면 기업은 왜 면접에서 구직자에게 약점을 묻는 것일까. 그것은 기업이 왜 사람을 뽑는지 생각해보면 쉽게 이해할 수 있다.

기업은 '회사의 약점을 커버해줄 인재'가 필요하기 때문에 사람을 뽑는다. 기업이 가진 강점을 더욱 부각해줄 사람을 뽑는 것이 아니다. 모자라거나 부족한 부문을 채워줄 사람을 뽑는다. 특히 여러 면에서 대기업처럼 여유가 없는 중소기업은 더더욱 그렇다. 따라서 면접에 앞서 자신의 강점은 물론 약점 역시 철저히 파악할 필요가 있다. 그렇다고 해서 스스로 약점을 커밍아웃할 필요까지는 없다.

기업은 자신들의 약점을 커버해줄 인재를 원한다

취업 준비생들이 '스펙 증후군' 때문에 몸살을 앓고 있다. '할아버지재력, 엄마의 정보력, 자신의 체력'이라는 삼력을 갖춰 원하는 대학에 무사히 입학했건만, 졸업을 눈앞에 두고 취직이라는 난관에 부딪힌 것이다. 그것을 훌쩍 뛰어넘으려면, 자신이 원하건 원치 않건 간에 기업이 요구하는 '기본 스펙' 세 가지를 모두 충족시켜야 한다. 이는 기업으로부터 스펙을 요구받았다기보다는 애당초 '이 정도는 돼야지!'라는 자격지심에서 비롯된 것이다.

'학점 3.7, 토익 850점, 자격증(컴퓨터, 한자)'

여기에 두 가지를 덧붙이면 공모전 입상과 인턴 경험이 있다.

한 중소도시 실업계 고교 출신의 30대 초반 김 모 씨. 그는 지난 2년 동안 무려 14,000여 곳의 회사에 이력서를 보냈다. 월평균 600여 건, 하루 20건 정도다. 그러나 안타깝게도 그는 아직도 실업자 신세다.

사실 요즘 같이 힘들 때는 현란한 스펙을 갖추더라도 취업하기가 쉽지 않다. 그러니 스펙 역시 어디까지나 최저 기준일 뿐 '필요충분조건'은 아니다.

"매일 밤 컴퓨터를 켜고, 혹시나 하는 기대감에 습관처럼 이력서를 쓰고… 며칠 지나면 여지없이 불합격 통보를 받고, 한숨으로 마음을 달랜다."

어느 지방대생의 하소연이다. 초심의 열정은 패배감으로, 자신감은 체념으로 변하지는 않을지 두려울 뿐이다.

기업도 기업 나름대로 고민이 있다. 그들은 이렇게 말한다.

"우리는 계량화 된 스펙을 원하는 것이 아니라 우리의 약점을 커버해 줄 인재를 원한다."

"업무와 관련 없는 스펙은 사양한다."

한 마디로 학점과 토익 만점짜리를 마다하지는 않지만, 가중치는 없다는 것이다. 말은 참 그럴듯하다. 하지만 아무런 경력도 없는 취업 준비생이 기업에 들어가서 일을 잘할지 못 할지 그걸 어떻게 판단할 수 있단 말인가. 결국, 판단 기준은 그나마 투명성과 객관성을 지닌 스펙이 될 수밖에 없다.

아무튼 위에서 말한 세 가지 스펙 중 혹시라도 학점이 3점대 초반이거나 토익 성적이 600점에서 700점을 오가거나 혹은 관련 자격증이 없다면, 입사 시험에서 미역국 먹을 각오를 해야 한다. 어쩌면 처음부터 입사 지원서조차 넣길 꺼릴지도 모른다. 스펙 하나가 모자란다는 이유로 말이다. 그런 점에서 기본 스펙을 고루 갖추기 전까지 취업에 관한 한 취업 준비생의 능력은 제로에 가깝다고 할 수 있다. 취업 스펙은 규정된 원소의 교집합이기 때문이다.

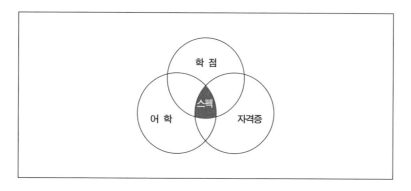

● 스펙은 규정된 원소의 교집합 ●

부득탐승(不得貪勝), 승리를 탐하면 절대 이길 수 없다

미꾸라지 한 마리가 조직을 얼마든지 망칠 수 있다

당신이 한 기업의 사장이라고 하자. 직원 채용에 최종적으로 다음 두 사람이 올라왔다. 과연 누구를 채용하겠는가.

- 지원자 A : 재무회계 지식이 탁월하지만, 커뮤니케이션 능력이 평균 이하
- 지원자 B : 재무회계 지식은 A보다 떨어지지만, 평균 이상의 능력을 갖추고 있고, 커뮤니케이션 능력 역시 보통 이상

큰 이변이 없는 한 B를 택할 것이 틀림없다. 당신뿐만 아니라 대부분 사람이 마찬가지다. 그 이유는 과연 뭘까.

조직을 한 번이라도 꾸려본 사람이라면 충분히 이해할 것이다. 인사가 만사는 아니지만, 조직 경쟁력 및 많은 부분에서 그것만큼 중요한 게 없다는 것을.

그런 점에서 전문 지식은 일류인데 커뮤니케이션 능력이 이류라면, 당사자의 최종 능력은 삼류 이하에 가깝다고 할 수 있다.

단군 이래 최대 불황이라는 요즘, 회사 매출이 반 토막 났다고 하자. 3개월 전부터 시행해오던 잡 셰어링^{Job sharing} 역시 이제 한계다. 지난달엔 아파트를 담보로 1억 원을 빌려서 직원들 월급을 줬다. 몇 날 며칠의 고심 끝에 30%의 직원을 내보내기로 했다. 과연, 어떤 기준으로 정리해고 대상자를 뽑아야 할까.

작은 기업의 사장이라면 머릿속에 금방 그 명단을 떠올릴 수 있겠지

만, 중규모 이상 기업이라면 객관적 자료를 토대로 해당 부서에서 그 명단을 작성하게 된다. 가장 먼저 직원들의 성과가 기록된 근무평가서를 볼 것이다. 그리고 그것을 기초로 점수가 가장 낮은 사람부터 해고자 명단에 올릴 게 틀림없다.

이렇듯 개인이건, 조직이건 결정적인 순간에 생사를 가르는 기준은 약점의 유무 및 그 경중이라고 할 수 있다. 따라서 특정한 강점 하나만 키우는 것이 반드시 좋은 것은 아니다.

여기 3명의 직원이 일하는 회사가 있다. 3명의 직원이 가장 효율적으로 일할 때 각각의 산출물을 3, 그 반대를 0이라고 하면, 가장 효율적인 경우 3×3×3=27이 된다. 그런데 그중 한 사람이 게으름을 피워 자기 능력을 3분의 1밖에 발휘하지 못했다면 어떻게 될까.

3×3×1=9가 된다. 정상적인 경우와 비교했을 때 정확히 3분의 1로 산출물이 줄어드는 셈이다. 불과 한 사람의 능력이 부족했을 뿐인데도 말이다. 이는 미꾸라지 한 마리가 조직의 경쟁력을 얼마든지 헤칠 수 있음을 말해준다.

■ 기업이 사람을 뽑는 이유는 '회사의 약점을 극복해줄 인재'가 필요하기 때문이다. 즉, 강점을 더욱 부각해줄 사람이 아닌 모자라거나 부족한 부문을 채워줄 사람을 뽑는 것이다.

■ 전문 지식은 일류인데 커뮤니케이션 능력이 이류라면, 당사자의 최종 능력은 삼류 이하에 가깝다.

■ 구성원 개개인의 잠재 능력이 조화와 균형을 이룰 때 전체 조직의 산출물은 극대화된다.

인생은 곱셈, 어떤 기회가 와도
내가 제로면 아무런 의미가 없다

3초의 여유를 갖고 자신의 약점이나 단점을 강점이나 장점으로 만들 방법을 찾아야 한다. 성공한 다는 것은 자신의 단점이나 약점을 줄이는 것이다.

— 희망 씨, 《세상을 보는 3초의 지혜》

기회를 붙잡을 준비가 되어 있는가

이웃 나라 일본에 '326'이라 불리는 친구가 있다. 그의 본명은 나카무라 미츠루中村滿인데, '미츠루'의 발음이 일본어 326과 비슷하다는 이유로 그렇게 부른다.

326은 자신을 '일러스트 라이터'라고 칭한다. 사실 그는 뮤지션들에게 작사를 해주기도 하고, 책을 쓰기도 하며, 애니메이션을 그리기도 한다. 그 때문에 단순히 일러스트 라이터라고만 부르기에는 아까운 다재다능한 인물이다.

간혹 시를 쓰기도 하는데, 그가 쓴 시 가운데 이런 구절이 있다.

"인생은 곱셈이다. 그 어떤 기회가 와도 내가 제로(0)면 아무런 의미가 없다.”

기회는 항상 가면을 쓰고 찾아온다고 한다. 그래서 대부분 사람은 막상 그것이 찾아오면 그것이 좋은 기회인지, 변죽만 울리다가 사라질 한 줄기 회오리바람인지 분간조차 못 하는 경우가 많다. 그러다 보니 가면 너머의 정체를 정확히 꿰뚫는 사람만이 기회를 붙잡아 부와 명예, 행복을 한 손에 쥐게 된다.

만일 당신이 가면 속의 정체가 엄청난 기회임을 운 좋게 알아챘다고 하자. 그런데 그만 문제가 생겼다. 그 절호의 기회를 살릴 충분한 준비가 되어 있지 않은 것이다. 그 경우 당신이 아무리 특출한 강점의 소유자라고 해도 당신의 능력은 여전히 가진 것 하나 없는 허(虛)와 텅 빈 상태의 공(空)에 지나지 않는다.

326의 말처럼 인생은 곱셈이다. 기회는 누구에게나 온다. 하지만 내가 0이면 아무리 곱한들 0일뿐이다.

도로 위의 차량 속도를 지배하는 요인

자동차 뒤에 큼지막한 캠핑카를 매달은 노부부가 여행을 가고 있다. 그때 아들로부터 한 통의 문자 메시지 도착했다.

“엄마, 지금 그 길 엄청나게 막혀요. 다른 길로 돌아가세요.”

아무리 두 눈을 비비고 쳐다봐도 자동차 한 대 다니지 않는데, 무슨 도로가 막힌단 말인가! 혹시 길을 잘못 들어섰거나, 아들이 교통정보를 잘못 알고 있는 게 아닐까.

이는 외국의 코믹한 광고의 한 장면으로, 도로 정체의 주범은 노부부의 여유로운 운전습관이었다. 그 결과, 캠핑카 뒤쪽으로 꼬리에 꼬리를 문 차들이 최악의 정체를 보였고, 아들은 그 사실을 부모에게 알린 것이다. 뒤는 보지 않고 앞만 보며 운전한 노부부가 만든 비극이자 희극인 셈이다.

우리 역시 일상에서 이와 유사한 상황에 종종 휘말리곤 한다.

월요일 이른 새벽, 아침도 거른 채 차를 몰고 도심을 쌩쌩 빠져나간다. 월요일 아침의 짜증스러운 출근길 정체를 피하고 싶기 때문이다. 차는 곧장 도심 외곽으로 접어든다. 하지만 그것도 잠시. 곧 주변은 한꺼번에 모여든 차로 인해 거북이걸음이다. 갑작스러운 상황에 2차선에서 1차선으로 방향을 바꿔 보지만, 속이 타기는 마찬가지다. 마침내 거북이걸음의 주범이 눈앞에 들어온다. 시커먼 연기를 하늘로 내뿜으며 2차선 주인이 된 굴착기 한 대가 유유히 달리고 있다. 출근길 도로를 달리는 수많은 차량의 속도는 앞서가는 굴착기 속도에 정확히 지배받는다.

기업 경영 성과의 숨겨진 비밀

H사에서 생산된 자동차가 고객에게 인도되기까지는 다음과 같은 과정을 거친다.

여기서 문제. H사가 자동차를 10대 생산했다면 그 10대 전부를 시장에 내다 팔 수 있을까?

불가능하다. 8대밖에 트레일러로 운반하지 못했다면 잘해야 8대만 팔수 있기 때문이다. 또한, 영업사원이 5대만 고객과 판매계약을 맺었다면 그에 상당하는 이익밖에 취할 수 없다. 마찬가지로 영업사원이 한 번에

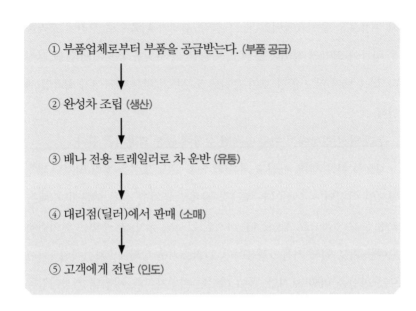

① 부품업체로부터 부품을 공급받는다. (부품 공급)

② 완성차 조립 (생산)

③ 배나 전용 트레일러로 차 운반 (유통)

④ 대리점(딜러)에서 판매 (소매)

⑤ 고객에게 전달 (인도)

20대나 판매계약을 맺었지만, 노조 파업으로 달랑 2대만 생산했다면 H사가 얻을 수 있는 이익은 2대분으로 한정된다.

기업 내부에는 인사 총무부 · 연구개발부 · 생산관리부 · 마케팅/영업부 · 재무회계부 등 다양한 부서가 있다. 그중 생산관리부가 제대로 된 역할을 하지 못하면, 아무리 연구나 인사, 마케팅 영역에서 열심히 일해도 기업 전체 성장과 발전은 생산관리부 수준을 넘을 수 없다. 다시 말해, 다른 부문의 성과가 아무리 높아도 기업 경영 성과는 생산성이 가장 낮은 부문(약점)의 영향을 받는 것이다.

■ 인생은 곱셈이다. 그 어떤 기회가 와도 당신이 '제로(0)' 라면 아무런 의미가 없다.

■ 도로 위의 차량 속도는 가장 천천히 진행하는 차량 속도의 지배를 받는다.

■ 기업 경영 성과는 생산성이 가장 낮은 부문(약점)의 영향을 받는다

사슬은 가장 약한 부분에서 끊어진다

타인은 나를 비추는 사회적 거울

나는 어떤 사람일까. 내가 알고 있는 나와 다른 사람이 알고 있는 나 사이에는 얼마나 괴리가 존재할까.

자기가 속한 조직 구성원에게 자신이 어떻게 비치는가 하는 문제는 매우 중요하다. 그래서 종종 이런 표현을 쓰기도 한다.

"타인은 나를 비추는 사회적 거울이다."

타인과의 관계 속에서 자아가 어떤 상태인지 아는 방법이 있다. 미국 심리학자 조지프 루프트Joseph Luft와 해리 잉햄Harry Ingham이 만든 '조해리의 마음의 창Johari's window of mind'이 바로 그것이다. 두 사람에 의하면, 인간의 자아는 4가지 영역으로 나뉜다고 한다. 나는 물론 다른 사람도 잘 아는 부분open, 자신만 모르는 부분blind, 자신만 아는 부분hidden, 그 누구도 모르는 부분unknown.

- 공개 영역(open area) : 나는 물론 다른 사람도 잘 아는 나에 관한 정보

- 맹인 영역(blind area) : 나는 모르지만, 다른 사람은 잘 아는 나에 관한 정보

- 은폐 영역(hidden area) : 나는 잘 알지만, 다른 사람은 모르는 나에 관한 정보

- 미지 영역(unknown area) : 나도 모르고, 다른 사람도 모르는 나에 관한 정보

약점의 4가지 영역

조해리의 창은 인간관계뿐만 아니라 약점 분류에도 응용할 수 있다. 조해리의 방식처럼 약점을 4가지 영역으로 나누면 다음과 같다.

● **공개 영역 : 나는 물론 다른 사람도 잘 아는 나의 약점**

자신은 물론 누구나 알고 인정하므로 단시일 내에 보완 및 극복할 수 있으며, 강점으로 변화할 가능성도 크다. 따라서 문제가 확대될 위험성 역시 그다지 높지 않다.

● **맹인 영역 : 나는 모르지만, 다른 사람은 잘 알고 있는 나의 약점**

무의식적으로 하는 행동이나 말투, 습관 등을 통해 비상식적으로 표출되는 약점이 여기에 해당한다. 남들은 다 아는데, 자기만 알지 못한다는 점에서 다른 영역보다 위험하다고 할 수 있다.

● **은폐 영역 : 나는 잘 알지만, 다른 사람은 모르는 나의 약점**

대부분 약점이 여기에 해당한다. 자신의 약점을 타인에게 드러내고 싶지 않은 것이 인간의 본성이기 때문이다. 문제는 약점을 숨기다 보면 항상 불안할 뿐만 아니라 잠재력 역시 충분히 발휘하지 못할 수 있다는 것이다. 따라서 약점을 무조건 가리고 감추기보다는 적극적으로 드러내는 것이 좋다. 그렇게 함으로써 인간관계 역시 한층 더 성숙해질 수 있다.

● 미지 영역 : 나도 모르고, 다른 사람도 모르는 나의 약점

소극적이고 내성적인 사람일수록 이런 유형이 많다. 하지만 나는 물론 상대도 모르는 약점이라면, 그건 약점이 아닐 수도 있다. 평소에는 아무런 전조 증상을 보이지 않다가 결정적인 순간에 불현듯 터져 나와 당사

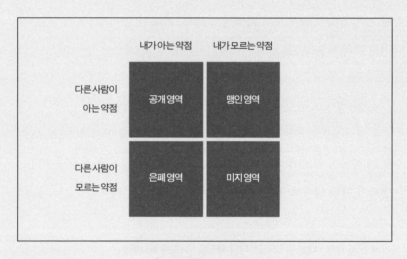

	내가 아는 약점	내가 모르는 약점
다른 사람이 아는 약점	공개 영역	맹인 영역
다른 사람이 모르는 약점	은폐 영역	미지 영역

● 약점의 4가지 영역 ●

자를 큰 혼란에 빠뜨리는 경우가 많다.

다른 사람의 생각과 의견은 자신을 비추는 사회적 거울과도 같다. 또한, 그것을 통해 끊임없이 성찰하고 올바로 처신하면 성공에 한 발짝 더 다가갈 수 있다.

다른 사람의 약점을 들추어내는 게 당장은 가슴 아플 수도 있다. 하지만 냉정한 시각과 통찰이야말로 변화와 미래를 끌어내는 중요한 요소임을 절대 잊어선 안 된다.

세기의 대결이 지루한 경기가 될 수밖에 없었던 이유

어떤 스포츠건 최고 성과를 보여주고 싶다면 약점을 지녀선 안 된다. 사슬은 가장 약한 부분에서 끊어진다. 약점이 있다면 다른 어떤 강점이 있어도 자신의 기량을 충분히 발휘할 수 없다.

386세대나 격투기에 관심 많은 사람이라면 "나비처럼 날아서 벌처럼 쏜다"는 말로 유명한 세계 최강 복서 무하마드 알리와 일본 프로 레슬링의 전설 안토니오 이노키가 도쿄 무도관에서 일전을 벌인 경기를 기억할 것이다.

두 사람의 대결은 요즘 말로 '세기의 대결'의 원조라고 할 수 있다. 그러나 세기의 대결이라며 열광했던 사람들은 경기가 진행되는 내내 불평과 실망감을 감출 수 없었다. 경기가 너무 단조롭고 지루했기 때문이다. 이노키는 경기 내내 링 위에 드러누워 알리의 다리 공격만 했고, 알리 역시 펀치 한번 제대로 날리지 못한 채 12라운드를 마쳤다.

경기가 지루하고 재미없었던 이유는 간단하다. 싸움의 토양이 너무도 달랐기 때문이다. 알리는 복싱 챔피언이었고, 이노키는 레슬링 챔피언이었다. 그러니 서서 싸우면 알리에게 절대 유리했고, 누워서 싸우면 이노키가 이길 것이 당연했다.

두 사람의 경기는 조해리의 창 가운데 '나는 물론 다른 사람도 잘 아
는' 공개영역에 속한다. 그러니 두 사람 모두 쉽게 경기에 임할 수 없었
고, 어떻게 하면 약점을 피하고 자신에게 유리한 환경에서 싸울지에만
신경을 집중해 본의 아니게 지루한 경기를 펼쳤다.

팬들의 비난은 두 사람 중 유독 이노키를 향했다. 시종일관 누워서 경
기를 재미없게 만들었기 때문이다. 그러나 이는 옳지 않다. 상대를 서로
잘 꿰고 있는 공개영역에서 그 역시 자신의 약점을 최대한 커버해가며
최선을 다해 싸웠기 때문이다.

약점을 강점으로 바꾼 세인트폴 라쿤스 야구단

미국 미네소타주 세인트폴 라쿤스(Saint Paul Raccoons) 야구단. 마이너리그에 속한 탓에 스타급 선수도 없을뿐더러 긴장감 넘치는 플레이도 없었다. 당연히 관중석에는 파리만 날렸다. 그런데 얼마 후 깜짝 놀랄 일이 일어났다. 그런 약점을 거꾸로 살려서 대박을 터뜨렸기 때문이다.

그들은 '마이너리그라서 안 돼'가 아닌 '마이너리그이기 때문에 가능한 방식'을 찾았다.

먼저 매 이닝 사이에 관중과 선수가 함께 즐길 수 있는 이벤트를 집어넣었다. 대부분 야구와 관련 없는 이벤트였다. 메이저리그에서는 매 이닝 사이에 협찬사 광고나 행사를 진행하느라 바쁘지만, 마이너리그에는 그런 제약이 없는 것을 철저히 이용한 것이다. 이에 관객과 선수가 함께 미니카 경주를 벌이거나 뜬금없는 발레공연을 하기도 했다. 심지어 관중석에 마사지사와 이발사를 대기시켜 원하는 사람은 누구나 경기를 보면서 서비스를 받게 했다. 옆에서 그런 독특한 광경을 구경하는 것 역시 새로운 구경거리였다. 또한, 여름에는 관중석 한쪽에 간이 풀장을 설치해, 더위에 지친 사람들이 이용할 수 있도록 했다.

중요한 것은 그런 이벤트들이 사람들의 호기심을 자극했고, 매번 화제를 불러일으켰다는 점이다. 그 결과, 사람들이 점점 몰려들어 연일 입장권이 매진되었고, 시즌 티켓을 사겠다는 사람들 역시 줄을 서게 되었다.

• • •

PART 2

약점의 재발견

사 捨 소 小 취 取 대 大

작은 것을 버리고

큰 것을 취하라

"판타 레이Panta Rhei!"

약점은 강점 안에, 강점은 약점 안에 존재한다.

세상에는 강점만 가진 사람도, 약점만 가진 사람도 없다. 야누스의 얼굴처럼 누구나 강점과 약점이라는 두 개의 얼굴을 갖고 있다. 즐거움이 있기에 슬픔이 존재하듯, 강점이 있기에 약점 역시 존재하는 것이다.

강점과 약점은 인간의 두 발과도 같다. 한쪽이 일방적으로 앞서나갈 수 없다. 한 걸음씩 앞서거니 뒤서거니 하며 육중한 육체와 정신을 떠받치고 추구하는 방향으로 나아갈 수 있게 돕는다.

___ '약점은 강점 안에, 강점은 약점 안에 존재한다'에서

지금까지 해온
전투의 룰을 바꿔라

하늘이 어떤 사람에게 장차 막중한 임무를 맡기려고 할 때는 반드시 마음과 육체에 고통을 주며 힘줄과 뼈를 고달프게 한다. 또한, 궁핍함에 처하게 하고, 의도하는 일마다 어려움을 당하게 한다. 하지만 이는 마음을 분발하게 하고 인내심을 길러 지금까지 그가 능히 하지 못했던 일을 가능하게 하고자 함이다.

_《맹자》 〈고자하〉 편

758,000,000 vs. 126,000,000

전략의 핵심은 '선택과 집중selection and concentration'에 있다. 그 때문에 전략은 취해야 할 것과 버려야 할 것을 명확히 규정하는 데서부터 출발해야 한다. 아울러 선택과 집중은 과감할수록 그 취지가 더욱 빛을 발한다. 여기도 찔끔, 저기도 찔끔이 아닌 '여기에 모든 걸 건다'라는 강한 의지와 열정을 보일 때 전략이 가진 본연의 의미에 더 가까이 다가설 수 있기 때문이다.

그렇다면, 과연 강점strength과 약점weakness 중 어디에 더 무게 중심을 둬야 할까.

- 강점을 더욱 키운다.
- 약점을 보완, 관리한다.

다소 논쟁이 있을 수 있지만, 곧바로 결론에 이를 수 있다. 사회 통념상 깊이 논할 가치가 없기 때문이다.

대부분 사람이 "약점을 보완하기보다는 강점을 키우는 것이 훨씬 더 효율적이다"라고 말할 것이 틀림없다. 그렇게 배웠기 때문이다. 온갖 처세술 및 비즈니스 관련 책, 현인들의 조언 역시 마찬가지다. 그래서인지 더욱 불변의 진리처럼 다가온다. 지금까지 누구도 거기에 반론하거나 이의를 제기하지 못했다. 비상식적인 인간으로 오해받기 싫기 때문이다. 우리 역시 언제부터인가 거기에 세뇌당하고 말았다. 금과옥조처럼 새겨듣고, 지고지순하게 따라야 할 생존 공식으로 받아들인 것이다.

758,000,000 vs. 126,000,000

이 숫자는 과연 뭘 의미하는 걸까.

미국인들은 '인터넷 검색을 한다'고 할 때 '아임 구글링$^{I'm\ googling}$'이라고 한다. 그만큼 '구글^{google}'의 위상은 대단하다. 이는 '복사^{copy}한다'라는 의미를 '제록스^{zerox}한다'라고 지칭했던 때를 떠올리게 한다.

구글에서 강점을 의미하는 영어 단어 'strength'와 약점을 의미하는 'weakness'를 검색해보자. 그 결과는 매우 놀랍다.

758,000,000이라는 숫자는 strength에 대한 결괏값이며, 126,000,000은 weakness에 대한 결괏값으로 strength의 6분의 1 수준에 불과하다. 이게 바로 오늘날 두 단어의 위상 차이가 아닐까 싶다.

시중에 나와 있는 책을 뒤져 봐도 마찬가지다. 약점보다는 강점에 무게 중심을 두고 있다. 약점에 무게 중심을 둔 책은 일부 종교 관련 서를 제외하면 거의 제로에 가깝다. "강점에 올인하라"거나, "그것을 더욱 키우는 데 집중하라"는 내용이 전부다. 유명 강사나 컨설턴트들의 조언 역시 한결같다.

사실 그런 부류의 책을 펼쳐보면 천편일률적으로 언급하는 내용이 몇 가지 있다.

- 많은 사람이 약점 보완에 치중하느라 시간과 에너지를 낭비하고 있다.
- 약점을 고친다고 해도 탁월한 수준에 도달할 수 없다.
- 강점보다 약점에 집착하는 습관이 우리 주변에 퍼져 있다.

미국 100달러 지폐의 주인공인 벤저민 프랭클린^{Benjamin Franklin} 역시 강점을 강화할 것을 강조했다.

"인생의 진정한 비극은 우리가 충분한 강점을 갖고 있지 않다는 데 있는 것이 아니라 강점을 충분히 활용하지 못하는 데 있다."

사소취대(捨小取大), 작은 것을 버리고 큰 것을 취하라

현대 경영학의 창시자이자 경영학의 구루라 불리는 피터 드러커[Peter Drucker]는 또 어떤가.

"사람은 오직 자기 강점을 통해서 능력을 발휘할 수 있다."

약점보다는 강점에 무게 중심을 두고 그것을 강화하는 것이 훨씬 더 현명하며 성과 역시 높다는 것으로, 약점을 보완하느라고 괜한 시간과 에너지를 낭비하지 말라는 단순명쾌한 논리다.

이런 주장이 설득력 측면에서 훨씬 더 효과가 높은 것은 사실이다. 게다가 건설적이며 미래 지향적 가치까지 공유하고 있다. 그러면서 마치 세상 모든 사람이 강점에 집중하기보다는 약점에만 치중하고 있는 것처럼 꾸짖기도 한다. 그러나 강점 올인 주의자들의 말처럼 지금껏 강점을 방치하거나 소홀히 한 채 약점 보완에만 신경 쓴 사람은 없다. 대부분 강점을 최대한 키우려고 했고, 약점은 어떤 식으로든 관리하고 보완하려 했다. 강점 혹은 약점, 어느 한쪽만 신경 쓰거나 강조하지 않은 것이다.

1%의 스페셜리스트 vs. 99%의 제너럴리스트

"강점을 더욱 키워나가자!"

불특정 다수를 향해 던지는 이런 말은 긍정적 삶을 추구하자는 의미일 수도 있고, 용기를 잃은 사람을 응원하는 말일 수도 있다. 또한, 아무 의미 없이 습관적으로 하는 말일 수도 있다. 현실과 다소 거리를 둔 이상적인 표현에 머물 위험성 역시 존재한다.

결론만 들으면 너무도 당연한 논리다. 그 때문에 누구나 쉽게 실천할 수 있을 것처럼 보이지만, 실제로 탁월한 성공에 이르는 사람과 평범한 수준에 머무는 사람을 가르는 엄청난 경계선이기도 하다.

흔히 하는 말 중 "두루뭉술한 '제너럴리스트generalist'보다는 특출한 '스페셜리스트specialist가 되어라"는 말이 있다. 이 역시 강점을 키울 것을 강조하는 말이다. 그러나 이와 같은 논리를 펼 때 절대 간과해서는 안 될 점이 있다. 약점으로 인해 일어나는 난제를 모두 커버할 수 있는 탁월한 강점의 소유자는 해당 분야의 일인자(스페셜리스트) 및 주변의 몇몇뿐이라는 점이다. 이런 부류에 들어갈 수만 있다면 그것이야말로 엄청난 축복이요, 칭찬받아 마땅하다. 또한, 당연히 그 강점은 더욱 키워나가야 옳다. 하지만 그 부류에 포함되지 않는 대부분 사람은 제너럴리스트, 즉 평범한 삶을 살 수밖에 없다. 모두가 1등이 될 수 없듯, 대부분 사람은 약점으로부터 절대 자유롭지 못하기 때문이다.

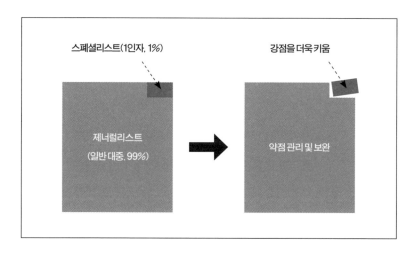

● 스페셜리스트와 제너럴리스트의 전략 ●

사소취대(捨小取大), 작은 것을 버리고 큰 것을 취하라

사실 유명 인사들이 강점만 키우라고 한 것은 아니다. 약점의 중요성과 거기에 치중하라는 얘기 역시 빼놓지 않았다.

미국 사상가이자 시인 에머슨^{Ralph Waldo Emerson}은 다음과 같이 말한 바 있다.

"강점이란 약점에서 벗어나는 것을 말한다."

이는 약점을 훌훌 털어버릴 때 비로소 강점을 가질 수 있다는 뜻이다.

노르웨이 출신으로 미식축구 코치를 지낸 로크니^{Knute Rockne} 역시 그와 비슷한 말을 했다.

"약점을 단련하라, 강점이 될 때까지."

강점을 부각하려면 약점을 열심히 단련하라는 말이다. 자신의 약점을 정확히 아는 것은 자신에게 도움이 되기 때문이다.

성공학 대가이자 《석세스^{SUCCESS}》를 창간한 오리슨 스웨트 마든^{Orison Swett Marden}의 지적은 약점을 보완해야 할 이유에 한껏 무게를 더한다.

"많은 사람이 실패하는 이유는 자신의 약점을 바로잡고 강화하는 법을 배우지 못했기 때문이다."

작은 티끌 하나가 시계의 움직임을 막듯 무심히 넘겼던 치명적인 약점 하나가 인생과 비즈니스를 파국으로 몰아갈 수도 있다. 그런데도 여전히 고장 난 녹음기처럼 강점에만 집중해야 한다고 주장할 것인가. 그것은 1% 스페셜리스트와 조직을 위한 것으로 99% 제너럴리스트와 조직을 희생양 삼는 희망 고문에 지나지 않는다. 그 누구도 그 과정에서 희생당하는 제너럴리스트와 조직은 신경 쓰지 않기 때문이다. 따라서 성공을 더욱 단단하게 다지고 실패 위험을 없애려면 지금까지 해온 전투의 룰을 바꿔야 한다.

■ 강점이란 약점에서 벗어나는 것이다.

■ 약점에 휘둘리지 않고 이를 커버할 수 있는 강점이라면 더욱 살려야 옳다.

하지만 그런 강점의 소유자는 해당 분야의 일인자(스페셜리스트) 및 주변의

몇몇에 지나지 않는다.

■ 많은 사람이 실패하는 이유는 자신의 약점을 바로잡고 강화하는 법을 배우지

못했기 때문이다.

세상 대부분 경쟁은
'조금 더'의 차이

세상에서 펼쳐지는 내부분 경쟁은 서로 간의 미묘한 차이의 강점을 무기로 펼쳐진다. ㄱ 창으로
상대의 급소(약점)를 정확히 찌르면 승리하는 것이다.

절대적 강점 vs 상대적 강점

불안감의 가장 큰 요인은 불확실성이다. 누구도 흉내 낼 수 없는 탁월
한 수준의 강점이 있다면 애당초 불안할 리 없기 때문이다.

한때 우리 사회에 '미네르바 증후군'이 유행한 것도 정부에 대한 불신
및 경제 불안, 미래에 대한 불확실성이 빚어낸 것이다.

흔히 강점을 더욱 강화하거나 키우라는 조언을 하곤 한다. 그러나 세
상에 똑같은 강점은 존재하지 않는다. 강점에는 누구도 쉽게 넘볼 수 없
는 '절대적 강점'과 경쟁자와 비교했을 때 반걸음 정도 앞서는 '상대적
강점'이 있다.

천하에 두 명의 영웅이 존재할 수 없듯, 특정 영역의 정상에 올라 절

대 휘둘리지 않는 위상을 구축한 단 한 명을 제외하면, 모든 사람이 가진 강점은 상대적인 것에 지나지 않는다. 즉, 해당 분야의 절대적 일인자를 제외하면 나머지 대부분은 조금 앞서거니 뒤서거니 하는 상대적 강점을 통해 경쟁하고 있을 뿐이다.

제품이나 기업 역시 마찬가지다. 경쟁자 입장에서 뾰족이 대응 전략을 세울 수 없는 강점이라면, 그건 분명 절대적 강점임이 틀림없다. 예컨대, 마이크로 소프트^{MicroSoft}의 윈도즈^{Windows}처럼 전 세계 시장에서 사실상 표준^{De facto standard}으로 인정받는 제품이나 특허권 · 실용신안권 · 상표권 같은 지식재산권으로 보호받는 제품이라면, 고객이 당연히 그 제품을 선택할 수밖에 없기에 절대적 강점을 지닌 제품이라고 할 수 있다. 시장에서 독점적 위치를 점하고 있거나 정부 규제로 인해 경쟁자의 시장 진입이 전면 금지된 경우 역시 마찬가지다. 또한, 지식재산권이나 시장 규제만큼의 영향력은 아니지만, 세계적 명성을 지닌 브랜드라는 강력한 파워를 가진 제품 및 서비스 역시 절대적 강점이 있다고 할 수 있다.

페라리^{Ferrari}. 남자들의 로망을 자극하는 자동차다. 그래서인지 평균 2억 원이 넘는 높은 가격에, 출시까지 몇 개월을 기다려야 하는데도 반드시 사고야 말겠다는 열광적인 팬들로 넘쳐난다. 그 이유는 과연 뭘까.

자동차가 아닌 페라리라는 '그 무엇과도 바꿀 수 없는 자신만의 소중한 가치'를 추구하기 때문이다. 루카 코르데로 디 몬테제몰로^{Luca Cordero di Montezemolo} 페라리 회장의 거침없는 자신감에서도 그 위상과 가치가 묻어난다.

"페라리는 세계 경제위기의 영향을 받지 않을 것이며, 연간 생산량을 소화할 6,000명의 미친 사람들을 앞으로도 찾을 수 있다고 확신한다."

사소취대(捨小取大), 작은 것을 버리고 큰 것을 취하라

이는 전 세계가 경제위기로 고통받던 지난 2008년에 그가 한 말로 거만함을 넘어 엄청난 자신감을 갖고 있음을 알 수 있다.

경쟁자 입장에서 다양한 대응 전략이 가능한 강점은 상대적 강점이라고 할 수 있다. 바꿔 말하면, '상대적 강점'이란 어떤 제품을 사는 데 있어 비슷한 선택을 할 여지가 여럿 존재하는 강점을 말한다.

절대적 강점	상대적 강점
· 지식재산권(특허권 · 실용신안권 · 상표권 등)	· 조금 더 저렴한 가격
· 규제 및 독점	· 조금 더 앞선 디자인
· 사실상의 표준	· 조금 더 뛰어난 접객 서비스
· 세계적 명성의 브랜드	· 조금 더 우수한 품질 및 기능

강점이 아닌 '약점의 정도'에 따라 승부가 결정된다

그렇다면 현대자동차의 국내 경쟁력은 절대적 강점일까, 아니면 상대적 강점일까. 미안한 얘기지만, 현대가 생산하는 자동차의 경쟁력은 절대적 강점에서 오는 게 아니다. 기아나 쉐보레, 르노삼성은 물론 해외 다른 기업에서도 비슷비슷한 자동차를 다수 생산, 판매하고 있기 때문이다. 어찌 보면 국내 기업 대부분은 상대적 강점을 통해 경쟁한다고 해도 과언이 아니다.

수많은 기업이 유일무이한 자사만의 경쟁력을 표방하며 절대적 강점을 추구하지만, 상황을 조금 더 냉정하게 바라보면 대부분 기업은 상대적 강점을 통해 경쟁자와 한판 대결을 벌이고 있을 뿐이다. 국내건, 글로

벌 시장이건 간에 절대적 강점을 통해 경쟁우위를 확보한 기업은 극소수에 지나지 않는다.

도요타의 하이브리드 자동차 '프리우스Prius'는 세계 최고 연비왕으로 꼽힌다. 그 때문에 가격이 다소 높게 책정되거나 납기 기간이 지연되어도 근본적인 품질 및 기능, 브랜드 가치만 타격 입지 않으면 웬만해서는 고객 충성도가 쉽게 변하지 않는다. 그에 반해, 시장에서 상대적 강점으로 경쟁하는 기업은 늘 긴장의 연속이다. 아주 미세한 차이도 결정적인 차이로 이어지기 때문이다. 그 경우 다른 제품 및 서비스와 비교해서 '조금 더 저렴한 가격', '조금 더 우수한 품질 및 기능', '조금 더 뛰어난 디자인', '조금 더 빠른 납기', '조금 더 앞선 고객 서비스'와 같은 '조금의 차이'가 승부를 결정한다. 즉, 미묘한 차이로 인해 고객으로부터 선택받느냐, 선택받지 못하느냐가 좌우되는 것이다. 따라서 '미묘한 차이'를 창출하는 강점을 지금보다 더 키울 수 없다면 아무리 신출귀몰한 전략을 내세워도 경쟁에서 승리를 장담할 수 없다.

강점이란 결국 상대적 강점의 차이를 말하는 것이다. 세상에서 펼쳐지는 대부분 경쟁은 서로 간의 미묘한 차이의 강점을 무기로 펼쳐진다. 그 창으로 상대의 급소(약점)를 정확히 찌르면 승리하는 것이다.

이렇듯 세상의 수많은 승부는 강점이 아닌 '약점의 정도'에 따라 결정된다.

사소취대(捨小取大), 작은 것을 버리고 큰 것을 취하라

■ 불안감의 가장 큰 요인은 불확실성이며, 이는 어딘가에 치명적이거나 혹은 치명상이 될 수 있는 약점이 있다는 것이다.

■ 강점에는 누구도 쉽게 넘볼 수 없는 '절대적 강점'과 반걸음 정도 앞서는 '상대적 강점'이 있다.

■ 수많은 기업과 사람이 당당히 'Only one'을 외치지만, 실제로는 상대적 강점을 활용해 경쟁하는 경우가 대부분이다.

전체적인 수준을 올리려면
취약한 부분을 잡아야 한다

약점이 있는 곳에 강점도 놓여 있다. 어떤 약점도 실패했다고 후회만 하거나 피해야 할 것이 아
니며, 오히려 철저하게 검토하고 조사해야 한다. 약점이야말로 혁신으로 향하는 길을 열어주기
때문이다. 발명가에게 약점은 건축가의 빈 땅과도 같은 것이다. 그건 가능성이고, 잠재성이다.

　— 앨런 액슬로드, 《상상력이 경쟁력이다》

가장 약한 부분에 집중해야 하는 이유

인생 최고 축복의 장이라는 결혼식. 그런데 배경 음악으로 가수 김수
희의 '너무~합니다'가 흘러나오고, 축하객들은 펑펑 울고 있다. 순백색
웨딩드레스를 입은 신부 역시 신랑 옆에 연신 눈물을 흘린다. 싱글벙글
입이 귀에 걸리도록 웃고 이는 신랑뿐. 그런데 그 신랑은 마빡이다.

잠시 후 신랑이 키스하기 위해 신부를 향해 툭 튀어나온 붕어 입을 쭉
내밀자, 신부는 그대로 나부라지고 만다.

"안 돼~"

한 여학생이 소스라치게 놀라며 잠에서 깨어난다. 공부에 지친 여학
생이 책상 위에 엎드려서 자다가 악몽(?)을 꾼 것이다. 교실 칠판 위에

는 다음과 같은 급훈이 새겨져 있다.

"열심히 공부하라, 신랑 얼굴이 바뀐다."

몇 년 전 큰 화제가 되었던 한 휴대전화 CF의 한 장면이다.

그 말마따나 오늘도 수많은 고3 수험생이 미래 신랑, 신부를 바꾸기 위해 학교에서, 학원에서, 도서관에서 비지땀을 흘리고 있다. 그에 맞춰 담임 선생님의 날카로운 지적 역시 뒤따른다.

"너는 수학은 괜찮은데, 영어가 늘 속 썩인단 말이야!"

이 경우 수학은 강점이며, 영어는 약점에 해당한다. 만일 명문대 진학을 목표로 하는 학생이 담임 선생님으로부터 그런 말을 들었다면, 과연 어떻게 해야 할까. 강점인 수학에 시간을 더 투자해서 점수를 더 끌어올려야 할까, 아니면 약점인 영어에 초점을 맞춰 집중적으로 공략해야 할까.

가장 좋은 것은 잘하는 과목은 그대로 살리고, 취약한 과목은 관리 및 보완하는 것이라고? 과연 그럴까.

앞서 전략의 핵심은 '선택과 집중'에 있다고 했다. 그 이유는 개인이건, 조직이건 가진 자원이 유한하기 때문이다. 아무리 성장이 기대되는 매력적인 분야라도 여기 찔러보고 저기 찔러보는 식이라면 경쟁력 확보는 고사하고 게임의 승산 역시 기대할 수 없다.

"대학 가서 미팅할래? 공장에 가서 재봉틀 할래?"

한때 화제가 된 어느 고등학교의 급훈처럼 열심히 공부해서 어느 대학 무슨 학과에 도전할 것인지 말 것인지를 분명히 할수록 합격 확률은 높아진다.

잘하는 과목이 있다는 건 분명 축복이다. 만일 수학 점수가 평균 95점

수준이라면 조금만 더 분발하면 100점도 얼마든지 가능하다. 그런데 영어가 평균 60점대라면? 과연 어떤 전략을 취해야 할까. 강점인 수학에 올인해야 한다고? 그렇게 되면 수학과 영어 두 과목 평균이 80점대에 머물 수 있다. 반면, 약점인 영어를 보완할 경우 다음과 같은 반전이 가능하다.

영어를 현 수준에서 20점을 올린다면 두 과목 평균이 80점대 후반이 되며, 조금 더 노력해서 30점을 올린다면 평균 90점대를 훌쩍 넘어설 수 있다.

● 강점에 초점을 맞춘 경우 : 수학 만점, 영어 현 수준

  수학 100점+영어 60점=160점

  160점÷2=80점

● 약점에 초점을 맞춘 경우 : 수학 현 수준, 영어 20점 향상

  수학 95점+영어 80점=175점

  175÷2=87.5점

● 조금 더 욕심(30점)을 부릴 경우

  수학 95점+영어 90점=185점

  185÷2=92.5점

사소취대(捨小取大), 작은 것을 버리고 큰 것을 취하라

물론 이에 대한 반론 역시 만만치 않다. 취약한 과목의 점수를 높인다는 게 말처럼 절대 쉬운 일이 아니기 때문이다. 실제로 잘하는 과목의 점수를 조금 더 올리는 건 그리 어렵지 않지만, 그렇지 않은 과목의 점수를 끌어올리는 건 절대 쉽지 않다. 그런데도 취약한 과목에 초점을 맞추고 적극적으로 관리해야 하는 이유는 분명하다. 점수가 오를 가능성, 즉 절대 가능치가 높다는 것이다. 성적은 공부의 절대량에 비례한다는 믿음 때문이다.

이렇듯 가장 취약한 과목의 점수를 끌어올려야만 전체 수준(평균)이 올라갈 수 있다. 그 때문에 오늘도 담임 선생님들의 한 맺힌 목소리가 교실을 쩌렁쩌렁하게 울린다.

"취약한 과목부터 꽉 잡아!"

특정 영역에 치우치지 않는 균형이 중요하다

양상군자梁上君子의 주요 출입구는 과연 어디일까. 바로 '방범창'이다. 가스 배관을 타고 올라온 그들은 그곳을 뜯어내고 유유히 집안으로 찾아든다. 그래서 방범창이 설치된 곳은 집안 전체에서 방범 수준이 가장 취약한 곳이라고 할 수 있다.

그렇다면 아무리 완벽한 방범 시스템을 갖추고 있어도 양상군자의 방문이 끊이질 않는 이유는 뭘까. 방범창처럼 한 부분이라도 방범 상태가 미약한 곳이 집안 어딘가에 존재하기 때문이다.

아무리 철통같은 보안 수준을 확보하더라도 허술한 곳이 단 한 곳이라도 있으면 도둑으로부터 절대 자유로울 수 없다. 따라서 집안이건, 기업이건, 나아가 국가건 간에 특정 영역에 치우치지 않는 균형 있는 방범이 중요하다.

이미 일정 수준 이상의 방범이 확보된 곳은 아무리 철통 대책을 세워도 전체적인 방범 수준은 그 이상 올라가지 못한다. 그보다는 집안 전체의 보안을 총괄적으로 분석하고 약한 부분을 찾아서 거기에 집중하는 것이 방범 수준 향상에 도움이 된다.

평균점을 높이려면 가장 약한 부분에 주목하라

"먼저 자신의 강점과 약점을 찾아라. 그 후 약점 극복에 주력하라."

프로 골퍼들이 아마추어 골퍼들을 향해 곧잘 하는 조언이다. 골프 그립을 한 번이라도 잡아본 사람이라면 대부분 수긍하는 말이기도 하다. 한 마디로 이런 얘기다.

같은 한 타를 줄일 셈이라면 무리해서 '버디'를 시도하기보다는 '더블보기'를 '보기'로 마무리하는 것이 훨씬 더 쉬울 뿐만 아니라 승산 역시 높다는 것이다. 다시 말해 골퍼 자신이 가진 강점을 최대한 살려서 무리하게 버디를 시도하기보다는 평소 자신이 자주 저지르는 더블보기(약점)를 보기로 끝내기 위해 노력하는 것이 더 안정적인 스코어 관리 및 성적으로 이어질 수 있다는 것이다. 이 말은 성공의 평균점을 높이려면 가장 약한 부분에 주목해서 그곳을 효과적으로 관리해야 함을 말해준다.

참고로, 골프 코스의 각 홀에는 공을 몇 번 만에 홀에 넣어야 하는지 기준 타수가 정해져 있는데, 이 기준 타수를 파par라고 한다. 파보다 1타

수 적은 것을 버디^{birdie}라고 하며, 반대로 파보다 1타 많이 친 것을 보기^{bogey}, 2타 많은 것을 더블보기^{double bogey}라고 한다.

MAIN POINT CHECK

■ 평균 점수를 끌어올리려면 잘 하는 과목보다 취약한 과목에 집중해야 한다.

■ 가장 낮은 곳의 방범 수준이 집안 전체의 방범 수준이다. 따라서 한시라도 빨리 그런 곳을 찾아내어 전체적인 방범 수준을 올려야 한다.

■ 골프에서 한 타 줄이길 원한다면 무리해서 '버디'를 시도하기보다는 '더블보기'를 '보기'로 마무리하는 것이 훨씬 더 쉬울 뿐만 아니라 승산 역시 높다. 이는 강점이 아닌 약점 보완에 주력하라는 말이기도 하다.

싸움에서 이기는
최고 비결

사람은 누구나 다 못생기고 약한 부분이 있기 때문에 인간입니다. 약한 부분이 한 군데도 없는 육체와 영혼을 가지는 완벽한 인간은 없습니다. 누구나 다 좋은 것만으로 형성돼 있다면 인간의 인간다움과 아름다움은 상실되고 맙니다. 이런저런 약한 부분들이 모여 인간이라는 건강한 전체를 이룹니다.

— 정호승, 《내 인생에 힘이 되어준 한 마디》

강점을 향한 위대한 첫걸음, 약점 인정하기

"인간의 강점은 약점이 있다는 것이다."

유대 격언이다. 약점에 관한 우리의 피상적인 사고와 달리, 유대인은 그들만의 독특한 철학과 시각으로 약점을 바라봤음을 알 수 있다. 그런 철학과 시각은 그들의 끈끈한 역사 속에서 삶과 행동을 규정하는 원칙 및 사회의 조화와 균형 원리로 작용했다.

많은 이들(조직)이 획일화된 사고와 타성에 젖은 나머지 균형감각을 상실한 채 살아가고 있다. 혹시 다음과 같은 요인들이 잠재된 탓은 아닐까.

첫째, 자신의 약점을 전혀 깨닫지 못한다.

우리 속담에 "남의 눈에 티는 보지만, 자기 눈의 들보는 보지 못한다" 라는 말이 있다. 사실 남의 눈의 티는 자기 눈의 들보가 비친 것인데도 스스로 약점을 깨닫는 이는 많지 않다. 마찬가지로 동료 간에 상대의 강점에 관해서는 입에 침이 마르도록 칭찬을 늘어놓지만, 약점에 관해서는 될 수 있으면 말을 아낀다. "고운 말에는 밑천이 들지 않는다"라는 서양 격언처럼 입바른 소리보다는 사탕발림 소리가 인간관계의 윤활유가 되기 때문이다. 또한, 괜히 약점을 끄집어냈다가 예상치 못한 봉변을 당하거나 그간의 유대관계에 냉기류가 흐를 수도 있다. 더욱이 대부분 처세서가 비난보다는 무조건 칭찬하라고 가르친다. 그러니 자신의 약점을 안다는 게 쉽지 않을뿐더러 설령 알고 있다고 해도 이를 감추기에 급급할 수밖에 없다.

혹시 우리는 자신의 약점을 알지 못하면서도 마치 잘 알고 있는 것처럼 생각하고 있는 것은 아닐까. 그런 까닭에 균형이 무너지면서 개인 수준의 재앙과 실패가 반복되는 것은 아닐까. 개인이 모이면 사회가 되듯 재앙과 실패 역시 그에 비례해서 커지기 마련이다.

둘째, 자신이 어떤 약점을 가졌는지 굳이 알려고 하지 않는다.

이는 화창한 봄날에 여름날 몰아칠 무시무시한 태풍을 떠올리지 못하는 것과 같다. 자신에게 약점이 있는 것은 분명한데 그것을 정확히 끄집어내길 꺼리는 현실 도피적인 생각 때문이다. 그저 약점으로 영원히 묻어두었으면 하는 얕은 생각도 한몫을 했을 것이다.

"재앙을 일으키는 것은 모르기 때문이 아니다. 모르면서도 알고 있는 것처럼 생각하기 때문이다."

말썽꾸러기 소년 톰 소여와 친구들의 모험을 그린 동화《톰 소여의 모험》의 작가 마크 트웨인[Mark Twain]의 말이다.

감이 떨어지는 것을 보고서야 차가운 겨울이 왔음을 깨닫듯, 대부분 사람은 절체절명의 순간에 몰린 뒤에야 비로소 자신의 약점에 눈을 뜬다. 하지만 그때는 이미 늦다.

셋째, 자신에게 분명 약점이 있는 데도 이를 부정한다.

"약점을 인정하는 것은 우리의 손실을 보상하는 첫걸음이다."

독일 수도사 토마스 아 켐피스[Thomas a Kempis]의 충고다.

자신의 약점을 올바로 인식하고 있다는 것은 개선의 여지가 충분히 있다는 것이며, 강점을 향한 위대한 첫걸음이기도 하다.

신이 아닌 이상 완벽한 인간은 세상에 존재하지 않는다. 누구나 잘하는 분야가 있으면 그렇지 못한 분야도 있는 법이다. 비가 한 사람에게만 내리지 않듯 약점을 갖고 있지 않은 사람은 인생이란 경기에서 제외된 사람뿐이다.

약점을 인정한다고 해서 곧 가치가 내려가는 것은 아니다. 약점을 인정하려면 용기가 필요하다. 하지만 약점을 인정함으로써 얻을 수 있는 것에 비하면 그것은 사소한 것에 지나지 않는다. 따라서 눈앞의 약점이라는 현실을 직시하고, 그것을 절대 회피해선 안 된다.

약점은 곧 잠재적 강점

《뉴욕타임스[The New York Times]》 베스트셀러 작가 마커스 버킹엄[Marcus Buckingham]과 미국 심리학협회에서 인정한 강점 심리학의 최고 권위자이자 세계적인 리서치 회사 〈갤럽[Gallup]〉의 사장을 역임한 도널드 클리프턴[Donald O. Clifton]은

사소취대(捨小取大), 작은 것을 버리고 큰 것을 취하라

《위대한 나의 발견 강점 혁명》"에서 다음과 같은 질문을 던진다.

> **당신의 발전에 더 많은 도움을 주는 것은 과연 어느 쪽인가?**
> - 자신의 강점을 아는 것
> - 자신의 약점을 아는 것

미국인과 영국인, 프랑스인, 캐나다인, 일본인, 중국인에게 위 질문을 똑같이 했다. 그 결과, 그들의 대답은 한결같았다.

> - 자신의 약점을 아는 것

그들은 나이가 많건 적건, 부자건 가난하건, 교육 수준이 높건 낮건 상관없이 약점을 아는 것이 자신의 발전에 도움이 된다고 했다. 다만, 인종 간에는 약간의 차이가 있었다.

미국인 응답자 중 41%가 '강점을 알아야 한다'고 대답했지만, 일본인과 중국인 중 '강점을 알아야 한다'고 한 사람은 불과 24%밖에 되지 않았다. 생각건대, 한국인에게 물었어도 그 대답은 별반 다르지 않았을 것이다.

이렇듯 대부분 사람은 자신의 강점을 깊이 이해하는 것이 반드시 자기발전의 노하우라고는 생각하지 않는다. 어쩌면 그게 현실이요, 인종을 초월한 감정인지도 모른다.

단언컨대, 당신의 약점이 한편으로는 강점일 수도 있다. 평소 당신은 약점을 보완하기 위해 남다른 노력을 기울여 왔을 것이다. 그 결과, 심신의 조화와 균형을 갖추었고, 거기서 분출된 강력한 힘은 당신을 강점의 주인공으로 탈바꿈시켰다. 하지만 처음부터 강점에만 집중했다면 지금의 당신은 존재하지 않을 가능성이 높다.

사람은 상대보다 앞선 것이 있다고 생각하면 우쭐대고 자만에 빠지기 쉽다. 그 결과, 강점은 점점 빛이 바래지기 마련이다. 그런데도 개인과 조직 경쟁력 강화라는 목표 아래 약점을 보완하기보다는 강점을 더욱 살려 갈 것을 강조한다. 하지만 이는 사람들에게 현실 사회에서 점점 멀어질 것을 강요하는 것과도 같다.

약점이 없는 사람은 인생이란 경기에서 제외된 사람뿐

동서고금을 통틀어 인간은 단 한 번도 경쟁으로부터 자유로웠던 적이 없다. 우리 삶의 평화는 항상 경쟁을 전제로 해왔다. 그러다 보니 우리 주변은 항상 경쟁자(라이벌)로 넘쳐난다. 당신은 그 거추장스러운 경쟁자의 어디를 공략할 것인가. 바보가 아닌 이상 상대방의 '급소', 즉 '약점'이라고 할 것이 틀림없다. '허점'이나 '취약점'이라는 단어를 사용했을 수도 있다.

그렇다. 강점이 아닌 허점, 즉 경쟁자의 약점을 집중적으로 공격할 것이 틀림없다. 그 이유는 과연 뭘까. 경쟁자의 약점을 훤히 꿰차고 있기

사소취대(捨小取大), 작은 것을 버리고 큰 것을 취하라

때문이다. 그러나 진정한 승자로 거듭나고 싶다면, 자신의 최고 강점을 경쟁자의 치명적인 약점과 마주하게 해야 한다.

"적의 약점을 공격하는 것이야말로 싸움에서 이기는 최고 비결이다."

노벨 문학상을 받은 아일랜드 출신 극작가 버나드 쇼^{George Bernard Shaw}의 말이다.

개인과 조직을 불문하고 어떤 경우건 동등한 조건에서 경쟁을 벌이려고 하지 않는 게 당연하다. 상대의 약점 파악에 목말라하는 것도 그 때문이다. 이유는 또 있다. 숨기려고 하지만, 웬만해서는 감출 수 없는 관음증 같은 원초적 본능이 내면 깊숙이 자리하고 있기 때문이다. 한때 우리가 몰래카메라라는 프로그램에 열광했던 이유 역시 그와 비슷하다.

그래서일까. 이제 호기심을 넘어 더욱 진화한 관음증이 영화의 단골 소재가 되었을 뿐만 아니라 삼류 찌라시 정보에도 귀가 솔깃해지곤 한다. 필요할 때 언제든 써먹으려는 의도가 다분히 우리 심리 속에 자리하고 있기 때문이다. 그 대상이 친구건, 동료건, 지인이건 상관없지만, 경쟁자일 경우 고기가 물을 만난 듯 좋아서 날뛸 수도 있다. 경쟁자의 약점을 알고 싶은 원초적 사고는 시대와 나이, 성별을 뛰어넘는 위대한 진실이기 때문이다.

- 약점을 인정하는 것이야말로 강점을 향한 위대한 첫걸음이다.

- 약점이 없는 사람은 인생이란 경기에서 제외된 사람뿐이다.

- 약점을 깨닫지 못하거나 감추고 있는 동안 한 인간의 조화와 균형은 흐트러진
  다. 나아가 그것은 재앙과 실패의 반복을 낳는다. 개인이 모이면 사회가 되듯
  재앙과 실패의 규모 역시 그에 비례해서 커지기 때문이다.

- 개인과 조직의 경쟁력 강화라는 목표 아래 약점을 보완하기보다는 강점을
  더욱 살리는 것을 강조하고 독려하는 것은 사람들에게 현실 사회에서 점점
  멀어질 것을 강요하는 것과 같다.

- 상대의 약점을 알면 통쾌하게 허점을 내지른 공격과 복수가 가능할 것이라
  는 원초적 사고는 시대와 나이, 성별을 뛰어넘는 위대한 진실이다.

사소취대(捨小取大), 작은 것을 버리고 큰 것을 취하라

약함의 패러독스가
우리에게 주는 교훈

지동차 시이드미리에는 뒤차가 보이지 않는 '사각지대'가 있습니다. 그래서 일부러 고개를 돌려 확인합니다. 살다 보면, 스스로 보지 못한 부분이 얼마나 많은지 자꾸 깨닫습니다. 아무리 잘 살고 똑똑하고 빈틈없는 사람인 것 같아도 가까이 가 보면 다 결점이 있고, 편견이 있으며, 약한 부분도 있습니다.

__《행복한 동행》

누구나 두 개쯤 급소를 갖고 있다

인생을 등산에 종종 비유하곤 한다. 등산의 목표는 산 정상에 우뚝 서는 것이다. 그러나 인생의 즐거움은 그 정상에 오르는 것만이 아니다. 그것은 험난한 산 중턱과도 같은 고난과 역경을 한발 한발 헤쳐 나가는 묘미에 있는지도 모른다.

누구나 두 개쯤 급소를 갖고 있다. 그 때문에 삶은 지뢰밭이요, 불확실성의 연속이다.

첫 번째 급소는 뭔가(사람 및 동물, 무기)로부터 공격받을 때 생명의 위협을 느끼는 부분이다. 예컨대, 후두부나 목, 흉부 등과 같은 신체 부위가 바로 그것이다.

- **급소 하나.** 생명의 위험성이 있는 후두부 및 목, 흉부 같은 신체 부위
- **급소 둘.** 타인에게 숨기고 싶은 부끄러운 비밀이나 화제, 정보

두 번째 급소는 타인에게 숨기고 싶은 부끄러운 비밀이나 화제, 정보 등이다. 이 중 일부는 선천적(신체적)인 것도 있지만, 대부분은 후천적이며 노력 여하에 따라 얼마든지 극복할 수 있다. 특히 선천적 급소마저 극복했을 경우 사회적으로 크게 성공한 인물로 역사의 한 페이지에 기록되기도 한다. 따라서 진정 행복하고 경쟁력 있는 삶을 원한다면 두 개의 급소를 잘 보듬고 관리해야 한다.

통상 우리가 떠올리는 약점은 어떤 지식이나 기능의 부족에서 비롯된다. 이를테면, 자동차를 운전할 줄 모르거나 음치(박치·몸치), 음식 솜씨가 형편없다는 것 역시 약점이 될 수 있다. 지나치게 수줍음이 많거나 쉽게 울컥하는 것처럼 성격에서 비롯되는 것도 있다. 또한, 학벌과 집안 환경, 경제적인 궁핍 처럼 주변 환경에서 기인하는 것도 있으며, 우울증이나 대인기피, 학습장애, 외모 등과 같은 정신적 혹은 신체적 핸디캡도 있다.

- **재능 부족**

외국어 실력이 부족하다, 인간관계가 서투르다, 성적(학점)이 나쁘다, 말(글)솜씨가 부족하다, 악필이다, 순발력이 부족하다, 숫자 감각이 무디다, 기억력이 좋지 않다, 자신감이 없다, 책임감이 부족하다, 손재주가

사소취대(捨小取大), 작은 것을 버리고 큰 것을 취하라

없다, 리더십이 없다, 요령이 부족하다, 도전정신이 부족하다, 논리적인 표현력이 떨어진다, 일 처리가 늦다 등등

● **부정적인 환경**

대학을 나오지 못했다, 지방대학을 나왔다, 교육 여건이 나쁘다, 인맥이 없다, 경력이 짧다, 수입이 적다, 혼혈아다, 고아다, 시골 출신이다, 지나칠 정도로 사투리를 사용한다, 가난하다, 부모가 이혼했다, 가정이 화목하지 못하다 등등

● **나쁜 습관 및 성격**

게으르다, 인내심이 부족하다, 고집이 세다, 자존심이 강하다, 적극성이 떨어진다, 절제력이 부족하다, 쉽게 흥분한다, 시간 약속을 자주 어긴다, 행동보다 말이 앞선다, 성격이 급하다, 충동적이다, 귀가 얇다, 쉽게 싫증을 낸다, 내성적이다, 소심하다, 지나치게 신중하다, 친화력이 부족하다, 우유부단하다, 고정관념에 휩싸여 있다, 매사 비관적이다, 성격이 괴팍하다, 인간관계가 원만하지 못하다, 일을 자주 미룬다, 부끄럼이 많다, 낯가림이 심하다, 눈물이 많다, 사람들 앞에서 쉽게 긴장한다, 입이 가볍다, 구두쇠다, 낭비벽이 심하다, 융통성이 부족하다, 과격하다, 거절을 못 한다, 도벽이 있다, 과도한 음주 및 흡연을 한다 등등

● **신체적 특징**

대머리다, 얼굴이 못생겼다, 운동신경이 둔하다, 인상이 차갑다, 말과 행동에 무게감이 없다, 말이 빠르다, 말을 더듬는다, 체력이 약하다, 더

위(추위)에 약하다, 고소공포증이 있다, 스트레스에 취약하다, 우울증이 있다, 음치다, 장애가 있다, 아토피가 심하다, 뚱뚱하다, 너무 말랐다, 나이가 많다(어리다), 피부가 너무 까맣다, 발음이 불완전하다, 키가 작다, 시력이 나쁘다 등등

물론 이것이 약점의 전부는 아니다. 개개인이 생각하는 약점은 이보다 훨씬 더 많고 다양하기 때문이다.

비록 자신이 원하지 않는 모습이나 환경에서 태어났다고 해도, 우리는 모두 신의 훌륭한 창조물이다. 그러므로 절대 약점에 무릎 꿇는 미약한 존재가 되어선 안 된다. 최선을 다하지 않았음에도 항상 최고가 되고픈 욕심에 사로잡혀 있지는 않는지, 약점만을 탓하는 것은 아닌지 한 번쯤 되돌아볼 필요가 있다.

본연의 모습을 있는 그대로 공개하라

약함의 패러독스$^{Vulnerability Paradox}$는 일본 게이오대학 가네코 이쿠요$_{金子郁容}$ 교수가 주창한 것으로 '자발성 패러독스'로도 불린다. 'Vulnerability'는 상처(비난)받기 쉬움, 약점이 있음, 취약성 등을 뜻하는 단어로 '약하다'는 의미를 지니고 있다.

약함의 패러독스는 두 가지 방향성을 갖고 있다.

첫째, 강자가 약자 처지에 있는 경우다. 실제로는 다른 사람들을 움직일 만큼 막강한 힘과 능력을 갖추고 있지만, 일부러 궁지에 몰리는 경우가 바로 그것이다. 예컨대, 강자가 "이런 식으로 해야 한다"라거나,

"이게 정석이다"라며 자기주장을 강력하게 펼친다고 하자. 객관적으로도 응당 그렇게 해야 하고, 논리적으로도 전혀 어긋나지 않는 주장이지만, 주변 사람들은 그 주장에 반감을 품을 가능성이 높다. 나아가 비난과 함께 반기까지 들 수 있다. 자신과 직접 혹은 간접적으로 관련이 있건 없건 상관없이 말이다. 비록 강자가 주장하는 내용에는 잘못된 점도, 논리적 결함도 없지만, 그런 주장을 펼칠 수 없는 환경을 주위 사람들이 억지로 만드는 것이다. 이것이 바로 강자에 대한 '약함의 패러독스'다.

둘째, 약자가 강자 처지에 있는 경우다. 그들은 다른 사람들을 움직일 힘도, 능력도, 정당성도 없는데도 많은 사람의 협력과 지지를 끌어낸다. 예컨대, 한 소년이 명문대에 합격했지만, 집안 형편이 여의치 않아 등록금을 마련하지 못했다고 하자. "어떻게 해서든 등록금을 마련해주고 싶다"라며 울먹이는 어머니 모습이 TV를 통해 방송되자 각계각층에서 도움을 주겠다며 지원 의사를 표명해왔다. 이것이 바로 약자에 대한 '약함의 패러독스'의 전형이다.

약함의 패러독스는 우리에게 큰 교훈을 준다. 자신의 약함을 공개하는 것, 즉 자신의 본연의 모습을 여과 없이 오픈하는 것이 얼마나 중요한지 깨닫게 하는 것이다.

존재감을 과시하려는 얕은 속셈에 자신을 무수히 덧칠하거나 마치 엄청난 권력을 갖고 있는 것처럼 거들먹거리면 많은 사람의 반감을 살 수 있다. 그보다는 차라리 자신의 연약함과 부족함을 세상에 보여주는 것이 낫다. 열등감에서 벗어날 수 있을 뿐만 아니라 다른 사람의 도움을 받을 수도 있기 때문이다. 절대 자신의 약점 때문에 인생의 위기를 맞아서는 안 된다.

누구도 약점으로부터 자유로울 수 없다

"당신의 강점은 무엇입니까?"

"약점이 없다는 것입니다."

"그럼, 약점은 무엇입니까?"

"강점밖에 없다는 것입니다."

과연 이런 사람이 세상에 존재할까.

프로이센 정치가로 철혈 재상이라 불렸던 비스마르크Bismarck가 한 여인에게 청혼하며 이렇게 말했다.

"저는 완벽한 사람입니다."

여성은 어처구니가 없었지만, 아무 말도 할 수 없었다. 그러자 비스마르크가 다시 이렇게 말했다.

"그 말을 한 것 외에 다른 약점은 없습니다."

사람은 누구도 약점으로부터 절대 자유로울 수 없다. 권력을 제 마음대로 주무르는 정치인도, 천상의 미모를 자랑하는 연예인도, 뭐 하나 불편함이 없을 것 같은 재벌도 그 예외가 아니다. 권력·명예·인기·돈·학벌 등 모든 것을 갖춘 자본주의 장학생 역시 마찬가지다.

강점만 있거나 약점만 있는 사람은 절대 없다. 또한, 약점은 인간에게만 있는 것이 아니다. 지구상에 존재하는 모든 생물과 기업(조직), 도시(지방), 국가에 이르기까지 수많은 분야에 걸쳐 다양한 약점이 존재한다. 인재가 부족한 조직, 마케팅이 약한 기업, 재정이 부족한 도시, 지

사소취대(捨小取大), 작은 것을 버리고 큰 것을 취하라

진 및 해일 같은 천재지변이 빈번하고 자원이 부족한 국가 등등.

신에게도 약점은 있다. 약점이 없는 완벽한 세상과 인간을 만들지 못했다는 것이 바로 그들의 최대 약점이다.

캐나다 로키산맥 근처에 있는 한 호텔 카페에 가면 다음과 같은 문구가 걸려 있다.

"Life's too short to drink bad coffee."

"인생은 너무 짧기 때문에 한가롭게 무미건조한 커피나 마시고 있을 시간이 없다"라는 뜻이다.

황홀한 맛의 커피만 골라 마셔도 평생 그 맛을 다 음미할 수 없다. 하물며 약점을 비관하며 시간을 허비하기에는 한 번뿐인 인생이 너무도 애달프다. 인생은 재방송이 아닌 생방송임을 한시도 잊지 말아야 한다.

☞ MAIN POINT CHECK

- 누구나 급소를 두 개쯤 갖고 있기에 삶은 항상 지뢰밭이며 불확실성의 연속이다.

- 권력 · 명예 · 인기 · 돈 · 학벌 등 모든 것을 다 갖춘 자본주의 장학생에게도 약점은 피해갈 수 없는 숙명이다.

- 황홀한 맛의 커피만 골라 마셔도 평생 그 맛을 다 음미할 수 없다. 하물며 약점을 비관하며 시간을 허비하기에는 한 번뿐인 인생이 너무도 애달프다. 인생은 재방송이 아닌 생방송임을 한시도 잊지 말아야 한다.

수많은 홈이
우리를 더욱 단단하게 만든다

항상 시간이 부족하다고? 훌륭하다! 이는 주어진 시간을 최대한 활용하고 있다는 뜻이다. 시간에 쫓긴다는 것은 좋은 일이다. 선택해서 일할 것을 자신에게 강요하기 때문이다.

골프공 딤플 속에 숨겨진 과학

골프공을 보면 표면이 옴폭옴폭하게 수없이 패어있음을 알 수 있다. 그것을 홈^{dimple}이라고 하는데, 보기에 좋으라고 그렇게 되어 있는 것이 아니다. 왜 그렇게 만든 것일까.

그 이유는 골프공 표면의 홈, 즉 딤플이 있으면 더 멀리 날아가기 때문이다. 이 사실은 1845년에 이미 밝혀졌다.

골프가 처음 시작되었을 때 공의 표면은 매끈한 나무 볼^{smooth ball}로 다듬어져 있었다. 그런데 어느 날 표면이 매끈한 새 공보다 수많은 흠집이 있는 공이 훨씬 멀리 날아간다는 사실을 알게 되었다. 그때부터 공의 표면을 해머로 두드려서 일부러 상처를 만들었는데, 이것이 딤플 역사의

사소취대(捨小取大), 작은 것을 버리고 큰 것을 취하라

시작이다.

딤플은 날아가는 공 윗부분의 공기 압력이 아랫부분보다 낮아지도록 한다. 그 결과, 공을 가능한 한 오랫동안 공기 중에 머물게 함으로써 비거리를 늘린다. 실제로 똑같은 힘으로 골프공을 타격했을 경우 표면에 홈이 있는 공은 최대 275m까지 날아가는 반면, 표면이 매끈한 공은 겨우 65m밖에 날아가지 않는다고 한다. 결국, 골프공 표면에 나 있는 수많은 홈은 자신을 더 멀리 날아갈 수 있게 만드는 원동력인 셈이다.

그렇다면 골프공 한 개에는 얼마나 많은 홈이 있을까. 0.25mm 깊이의 홈이 무려 300~600개나 존재한다.

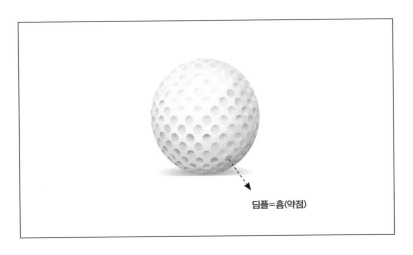

딤플=홈(약점)

● 골프공의 딤플 ●

이제 관점을 달리해보자. 골프공 표면에 팬 홈을 우리가 가진 홈(약점)으로 해석하면 어떨까.

우리가 세상에 태어나 다양한 경험을 쌓는 가운데 뜻하지 않게 생긴 명예로운 상처(실패)는 이따금 곪아 터지기도 하지만, 볼썽사나운 흉터(약점)로 남기도 한다. 하지만 제대로 된 처방만 내릴 수 있다면, 골프공의 홈처럼 더 높이 비약하는 새로운 기회가 된다.

산중에 있는 나무들 가운데 가장 곧고 잘생긴 나무가 가장 먼저 잘려서 서까래 감으로 쓰인다. 그다음 못생긴 나무가 큰 나무로 자라서 기둥이 되고 가장 못생긴 나무는 끝까지 남아서 산을 지키는 큰 고목이 된다. 못생긴 나무는 목수 눈에 띄어 잘리더라도 대들보가 되는 것이다.

봉국사 주지 효림 스님이 쓴 《못생긴 나무가 산을 지킨다》라는 책의 한 구절이다.

혹시 우리도 못생긴 나무처럼 어떤 흠이나 약점 때문에 열등감이나 피해 심리를 갖고 있는 것은 아닐까. 하지만 이 사실을 명심해야 한다. 등이 굽어 못생긴 나무가 산을 지키고, 무참히 구겨진 종이가 멀리 날아가듯, 자신이 가진 약점을 정확히 인식하고 이를 잘 보완하는 사람이 우리 사회의 대들보로 성장했다는 사실을.

당장 인정받지 못한다고 해서 우울해하거나 자책할 필요는 없다. 더 높은 비상을 위해 잠시 움츠리고 있을 뿐이다. 골프공의 작은 홈이 공기 저항을 최소화해 멀리 날아갈 수 있도록 하듯, 수많은 흠과 약점은 우리를 더 단단한 사람이 되도록 단련한다.

약점을 통해 뭔가를 배울 수 있다면

약점 역시 강점이 될 수 있다

- **질문 하나.** 세계 최초로 대학교육을 마친 장애인은 누구일까?
- **질문 둘.** 진보 노동운동단체인 세계노동자연맹^{IWW}을 결성한 미국 사회 주의 지식인 누구일까?

두 질문 모두 정답은 헬렌 켈러^{Helen Keller}이다. 알다시피, 그녀는 들을 수 도, 볼 수도, 말할 수도 없는 장애를 갖고 있었다. 그녀가 지닌 약점과 비 교하면 우리가 지닌 약점은 그 축에도 끼지 못할 정도다. 하지만 그녀에 게 있어 장애는 절망이 아니었다.

그녀는 항상 밝게 웃으며 "단지 조금 불편할 뿐"이라고 말하곤 했다. 또한, 다음과 같은 명언을 남기기도 했다.

"나는 내가 가진 장애를 신에게 감사하고 있습니다. 왜냐하면 그것 때 문에 나 자신, 나의 일, 그리고 나의 신을 발견했기 때문입니다."

'토크쇼의 여왕'이라 불렸던 오프라 윈프리^{Oprah Gail Winfrey}. 지독히도 가난한 어린 시절을 보낸 그녀는 불과 14살에 미혼모가 되었을 뿐만 아니라 한 때 100kg이 넘는 거구의 마약중독자였다. 하지만 지금 그녀는 세계에서 가장 성공한 여성 중 한 명이자 여성들의 워너비로 꼽힌다. 그녀는 항상 이렇게 말하곤 한다.

"아픈 경험을 자양분으로 삼아라. 지혜를 얻을 것이다."

지난 3월 76세를 일기로 타계한 천재 물리학자 스티븐 호킹^{Stephen Hawking} 박사. 그는 불과 21살에 루게릭병을 앓은 후 혼자서는 고개조차 가누지 못했다. 심지어 폐렴으로 인해 기관지 제거 수술을 받아 목소리마저 완전히 잃었다. 유일하게 사용할 수 있는 신체 부위라고는 왼손 손가락 두 개와 얼굴 근육 일부분뿐이었다. 하지만 그는 20세기 최고 물리학자로 불리는 아인슈타인의 뒤를 잇는 천재 과학자로 꼽힌다.

어느 날, 그에게 누군가가 이렇게 물었다.

"루게릭병이 아니었더라도 지금과 같은 물리학자가 되었을까요?"

박사는 이렇게 대답했다.

"병에 걸리지 않았다면 읽고 쓰는 일에 지금같이 많은 시간이 걸리지 않았을 것입니다. 하지만 그 대신 강연하고 시험점수 매기느라 연구를 제대로 못 했을 것입니다. 그러니 루게릭병이 나를 이론 물리학자로 만든 셈입니다."

미국 최초의 흑인 대통령 버락 오바마^{Barack Obama}. 아프리카 케냐 출신 아버지를 둔 그는 두 살 때 부모가 이혼했다. 재혼한 어머니를 따라 인도네시아에서 4년을 보낸 그는 갖은 인종차별과 열등감으로 청소년 시절 심한 갈등을 겪었을 뿐만 아니라 마약에도 손을 댔다. 하지만 그에게 닥친 수많은 인생 굴곡은 그를 미국 제44대 대통령으로 만든 담금질이자 토양이 되었다.

몸속에 다인종과 다문화주의의 선혈이 흐르는 그는 자신의 잡동사니 유산은 약점이 아니라 오히려 큰 강점이라고 말한다. 그의 이름 '버락'은 스와힐리어로 '신에게서 축복받은 사람'이라는 뜻인데, 그 말 그대로 그는 약점을 훌륭히 이겨냈을 뿐만 아니라 흑인들의 피땀으로 지은 백악관에 입성함으로써 미국 내 인종차별을 완화하는 기반을 마련했다.

전 세계 어린이들의 마음을 사로잡은 판타지 소설 《해리포터》의 작가 조앤 K. 롤링^{Joan K. Rowling}. 그녀는 하버드대학 학위 수여식 연설에서 가난하던 시절을 떠올리며 졸업생들을 향해 다음과 같은 당부를 했다.

"밑바닥 생활은 내가 인생을 새로 만드는 데 있어 굳은 기반이 되었습니다. 역경을 거치기 전에는 진정으로 자신을 알 수 없으며, 실패를 경험하고 이를 극복하면 더욱 강하고 현명해지게 됩니다."

한국 최고 기업인으로 불리는 현대그룹 창업주 고 정주영 회장. 그는 가난한 농부의 아들로 태어나 대학 문턱은커녕 초등학교밖에 나오지 못했지만, 굳은 열정 하나로 무에서 유를 담담히 창조해냈고, "시련은 있어도 실패는 없다"는 말을 통해 불굴의 의지를 몸소 보여줬다.

이렇듯 위대한 인물들의 공통점은 과거와 현재에 얽매여 후회하기보다는 다가올 삶에 의미를 부여하는 것이 훨씬 더 유익함을 깨닫고 약점을 벗 삼아 자신의 운명을 스스로 개척했다는 것이다. 그런 점에서 볼 때 약점으로부터 심오한 뭔가를 배울 수 있다면 약점 역시 위대한 강점이 될 수 있다.

소비자의 마음을 움직인 Avis의 2등 전략

2등은 늘 힘들고 서글프며 배고프기 마련이다. 1등에는 열광하지만, 2등은 거들떠보지도 않기 때문이다.

미국 렌터카 회사 에이비스^{Avis}는 한때 시장의 70%를 장악한 허츠^{Hertz}

의 기세에 눌려 숨죽인 채 지내야 했다. 더욱이 십수 년째 적자를 기록해 존폐의 기로에까지 내몰렸다. 그러던 중 새로운 CEO가 부임했고, 그는 최악의 위기상황을 극복할 방안을 모색하던 중 전설적인 'No. 2 광고'를 탄생시킨다. 당시 광고는 엄청난 반향을 불러일으켰고, 이는 매출과 직결되면서 거짓말처럼 시장을 장악하게 되었다.

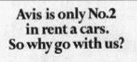

• Avis의 No. 2 광고 •

- 우리는 언제나 2등입니다. 그런데 소비자들은 왜 우리를 이용할까요?
- 누구라도 2등일 때는 열심히 일해야 합니다. 그렇지 않으면….

사소취대(捨小取大), 작은 것을 버리고 큰 것을 취하라

위 광고를 통해 Avis는 1등보다 훨씬 더 열심히 일하고 노력한다는 사실을 소비자들에게 뚜렷이 각인시켰다.

Avis의 No. 2 광고 전략은 강점만을 과시하기보다는 약점을 솔직히 인정하고 보여줌으로써 소비자의 마음을 움직였고, 이를 통해 이류라는 약점을 엄청난 강점으로 변화시켰다.

MAIN POINT CHECK

■ 표면이 매끈한 새 공보다 수많은 흠집이 있는 거친 공이 훨씬 더 멀리 날아간다.

■ 산에 있는 나무 중 가장 곧고 잘생긴 나무가 가장 먼저 잘려서 서까래 감으로 쓰이고, 가장 못생긴 나무는 끝까지 남아서 산을 지키는 큰 고목이 된다.

■ 위대한 인물들의 공통점은 과거에 얽매여 후회하기보다는 다가올 삶에 의미를 부여하는 것이 훨씬 더 유익함을 깨닫고 약점을 벗 삼아 자신의 운명을 스스로 개척했다는 것이다.

■ Avis의 No. 2 광고 전략은 강점만을 과시하기보다는 약점을 솔직히 인정하고 보여줌으로써 소비자의 마음을 움직였고, 이를 통해 2류라는 약점을 강점으로 변화시켰다.

최고 리더와 최악 리더는
무엇이 다른가

리더의 우열은 '자신을 얼마나 알고 있느냐'로 판단해야 한다. 즉, 평소 자신의 문제점을 얼마나
정확히 꿰고 이를 관리하고 있느냐가 가장 큰 기준이 되어야 한다.

리더의 우열을 가리는 기준

리더의 순위를 결정하는 요인은 과연 뭘까. 지혜와 품격? 경영 성과?
아니면 구성원을 휘어잡는 강한 카리스마?

제2차 세계대전 당시 독일군 전략가였던 에리히 폰 만슈타인^{Erich Von}
_{Manstein}은 리더의 유형을 다음 4가지로 분류했다.

- 근면하고 유능한 리더
- 게으르고 유능한 리더
- 근면하고 무능한 리더
- 게으르고 무능한 리더

이 중에서 그는 어떤 리더를 최고로 꼽았을까.

우리 예상과 달리, 그는 '게으르고 유능한 리더'를 최고로 꼽았다. '근면하고 유능한 리더' 역시 최고라고 할 수 있지만, 리더를 보좌하는 참모에 더 적합하다는 것이 그의 생각이었다. 흥미로운 것은 '근면하고 무능한 리더'를 최악으로 꼽았다는 점이다. 반면, '게으르고 무능한 리더'는 다른 사람들에게 별다른 손해를 끼치지 않는다는 이유로 그보다 한 수 위로 보았다.

중요한 것은 이런 평가가 지금도 여전히 유효하냐는 것이다. 세상은 그때보다 훨씬 더 복잡하고 변했다. 그렇다면 그 기준 역시 바뀌어야 하지 않을까.

리더 주위에는 수많은 구성원으로 가득하다. 적게는 두 개에서 많게는 수백, 수천 개의 눈이 그들의 일거수일투족을 지켜본다. 그들을 벤치마킹하기 위해서다. 리더가 감기에 걸리면 조직이 곧 폐렴을 앓는 것은 모두 이 때문이다. 그런 점에서 리더의 우열은 '자신을 얼마나 알고 있느냐'로 판단해야 한다. 즉, 평소 자신의 문제점을 얼마나 정확히 꿰고 이를 관리하고 있는지가 가장 큰 기준이 되어야 한다.

그에 따라 리더의 순위를 정하면 다음과 같다.

- 1순위 리더 _ 자신의 약점을 깨닫고, 자기보다 뛰어난 인재들을 구해 조직을 크게 키우며, 그 철학을 조직에 뿌리내리게 한 사람
- 2순위 리더 _ 자신의 약점을 깨닫고, 자기보다 뛰어난 인재들을 구해 조직을 크게 키운 사람

- 3순위 리더 _ 자신의 약점을 깨닫고, 자기보다 뛰어난 인재를 구한 사람

- 4순위 리더 _ 자신의 약점을 깨닫고 보완한 사람

- 5순위 리더 _ 자신의 강점을 깨닫고 적극적으로 살린 사람

- 6순위 리더 _ 자신의 약점을 깨닫고도 의도적으로 회피한 사람

- 7순위 리더 _ 자신의 약점을 전혀 깨닫지 못한 사람

최고 리더는 자신을 정확히 꿰고 관리하는 사람

자신의 약점을 깨닫고, 자기보다 뛰어난 인재들을 구해 그들이 잠재력을 발휘하도록 터전을 닦고, 그것이 조직 성과 및 DNA화 될 수 있도록 했다면, 그는 최고 리더로 전혀 손색없다. 특히 조직을 이끌 사람이라면 자신의 약점을 제대로 알고, 그것을 보완해줄 인재들을 뽑는데 꾸준한 관심을 두어야 한다. 또한, 리더의 그런 생각이 조직에 뿌리내리는 조직이야말로 진정 최강의 조직이라고 할 수 있다.

많은 사람이 '철강왕' 앤드루 카네기Andrew Carnegie를 최고 리더로 꼽는 이유 역시 바로 그것 때문이다.

스코틀랜드 가난한 가정에서 태어나 13살에 부모를 따라 미국에 이민 온 그는 방적공, 전보 배달원, 전신기사, 철도 감독 등 여러 직업을 전전한 끝에 철강회사를 설립, 성공한 CEO로 거듭났다. 주목할 점은 그가 죽은 지 100년이 되었지만, 여전히 탁월한 리더십과 존경받는 기업가정신의 본보기가 되고 있다는 점이다.

> 자기 자신보다도 더 현명한 사람들을 주변에 모여들게 하는 능력을 갖춘 한 남자가 여기 잠들다.

위 묘비명은 그가 죽기 전에 직접 준비한 것으로 치열하고 복잡한 현대 사회를 헤쳐 나가는 리더의 참모습을 간결하면서도 정확하게 규정하고 있다는 평가를 받고 있다.

그런 점에서 자신의 약점을 보완해줄 사람들을 끌어들인 후 그들이 잠재력을 최대한 발휘할 수 있도록 적절한 환경을 마련해주고, 그것을 통해 조직의 발전을 이끄는 사람이야말로 최고 리더라고 할 수 있다. 100여 년 전 카네기가 뿌린 이 전통은 미국은 물론 전 세계에 걸쳐 지금도 면면히 이어지고 있다.

2순위 리더는 자신의 약점을 인식한 후 그것을 보완하기 위해 인재를 모으고 그것을 토대로 조직을 훌륭하게 키웠지만, 그 철학을 후대에 계승시키지는 못한 사람이다. 3순위는 자신의 약점을 깨닫고 자기보다 뛰어난 인재를 불러 모았지만, 현상 유지에만 신경 쓴 리더다. 인재들이 잠재력을 최대한 발휘할 수 있는 환경을 만들어 줘야 하는 데도 그렇게 하지 못함으로써 조직이 더는 발전하지 못하고 현상 유지에 머문 것이다. 또한, 자신의 약점을 정확히 알고 이를 보완한 사람이 4순위 리더이며, 자신이 가진 강점에 주목해서 이를 적극적으로 살린 사람이 5순위다. 간혹 4순위와 5순위가 바뀐 게 아니냐고 하는 사람들도 있지만, 그렇지 않다. 강점을 더욱 키우는 것도 필요하지만, 약점을 정확히 알아야만 강점을 살릴 수 있다는 점에서 약점을 보완하고 극복한 쪽에 더 많은 점수를 부여하는 것이 옳기 때문이다.

6순위 리더는 자신의 약점을 잘 알면서도 이를 회피하고 인재 등용을 배척한 사람이다. 개인적으로는 안전한 전략일지 모르지만, 조직이 점점 퇴보한다는 점에서 최악이라고 할 수 있다. 현재의 지위는 지킬 수 있지만, 미래의 지위와 경제적 이익은 모두 잃을 수 있기 때문이다.

'호질기의護疾忌醫'

'병이 있는데도 의사에게 보여 치료받기를 꺼린다'라는 뜻으로, 중국 북송 시대 철학자 주돈이周敦頤가 《통서通書》에 남긴 말이다.

허물이 있지만, 다른 사람이 바로 잡아주거나 충고해주는 것을 좋아하지 않는 것은 마치 병을 감싸고 숨기면서 의사를 기피해 자기 몸을 망치는 것과도 같다.

수많은 리더 중 최악은 자신의 약점을 전혀 깨닫지 못하는 사람이다.

어느 날, 부처가 제자들을 향해 물었다.

"알고 지은 죄와 모르고 지은 죄 중 무엇이 더 무거운가?"

그러자 한 제자가 이렇게 말했다.

"알면서도 죄를 짓는 것은 인간으로서 할 도리가 아닙니다. 그러므로 알고 죄를 지었다면 응당 중죄로 다루어야 옳습니다."

현실 세계에서 보자면 참으로 지당한 얘기다. 나쁜 짓임을 알면서도 고의로 방화하거나 파괴하는 행위라면 괘씸죄까지 더해져 더 많은 형량을 선고할 가능성이 높기 때문이다. 하지만 '모르고 지은 죄'에 대해서는 비교적 관대하다. 잘 모르고 한 일이니 다음부터 주의하라는 것이다. 하지만 부처는 이를 달리 해석한다.

"모르고 지은 죄를 더욱 엄하게 벌해야 한다."

왜냐하면, 알고 저지르는 죄는 자신이 깨닫는 순간 그 일을 그만둘 수 있기 때문에 그 피해가 제한적이지만, 모르고 저지르는 죄는 상대가 얼마나 괴로워할지, 피해가 얼마나 클지 알 수 없어 무차별적으로 죄를 지을 위험성이 있기 때문이다. 그뿐만 아니라 그것이 나쁘다는 것을 모르기에 계속해서 똑같은 죄를 저지를 가능성이 높다. 실제로 천길 아래 물속으로 떨어질 때 알고 뛰어드는 것과 모르고 뛰어드는 것은 다칠 가능성이 천양지차다.

잘 알고 뛰어들면 나름대로 전략을 세울 수 있다. 예컨대, 팔을 쫙 펴고, 두 손을 모아 얼굴부터 입수해 저항을 최소화할 수 있다. 그러나 갑자기 천길 아래로 던져진다면 물과 부딪히는 순간 눈이나 장기 등의 파열로 인해 목숨을 잃을 수도 있다.

만일 그것이 개인이 아닌 조직이라면 어떻게 되겠는가. 당연히 파국을 맞을 수밖에 없다. 그 때문에 자신의 약점을 전혀 깨닫지 못하는 사람을 최악의 리더로 꼽는 것이다.

- 리더의 우열은 '자신을 얼마나 알고 있느냐'로 판단해야 한다. 즉, 평소 자신의 문제점을 얼마나 정확히 꿰고 이를 관리하고 있는지가 리더를 평가하는 가장 큰 기준이 되어야 한다.

- 최고 리더란 자신의 약점을 깨닫고, 자기보다 뛰어난 인재를 모아 조직을 크게 키우며, 그 철학을 조직에 뿌리내리게 하는 사람이다.

- 알고 지은 죄보다 모르고 지은 죄를 더욱 엄하게 벌해야 한다. 무차별적이고, 광범위하게 그리고 계속해서 죄를 지을 수 있기 때문이다.

약점은 강점 안에,
강점은 약점 안에 존재한다

약점을 살못 인식하거나 관리하게 되면 어떻게 될까. 단순히 성공을 가로막는 하나의 장애물로
머무는 게 아니다. 왜곡된 정보를 받들일 수도 있고, 강점을 물고 늘어지면서 정작 우리가 휘
두르고자 하는 무기를 무디고 녹슬게 만들 수도 있다.

약점에 관한 편협하고 단정적인 시각

오랫동안 미인의 기준은 편협하고 딱딱하게 규정되어 왔다. 하지만 이
제 바뀌어야 한다. 미인은 나이와 몸매, 생김새 등이 다양하기 때문이다.

'도브Dove'로 우리에게 잘 알려진 다국적기업 유니레버Unilever가 '리얼 뷰
티 캠페인campaign for real beauty'을 시작한 이유다.

캠페인은 뚱뚱한 몸매의 아기 엄마 타바사 로만Tabatha Roman을 등장시키
며 다음과 같은 도발적인 질문을 던진다.

"그녀는 뚱뚱한가? 아니면 탁월한가?"

• 유니레버 '리얼 뷰티 캠페인' 광고 •

그 외에도 섹시한 S라인이나 매혹적인 금발 미인과는 거리가 먼 '진짜 평범한 여자'들이 계속해서 캠페인에 등장한다. 완전 회색 머리의 멀린, 100살을 눈앞에 둔 쭈글쭈글 주름투성이 할머니 싱클레어, 얼굴과 온몸이 주근깨투성이인 레아, 빈약한 가슴을 지닌 에스더 등 하나같이 완벽과는 거리가 먼 외모의 소유자들이다. 외모지상주의자나 그 숭배자들에게는 사뭇 충격적인 전략임이 분명하다.

한 마디로 캠페인은 '예쁘면 모든 게 용서된다'는 세태에 정면으로 맞선다. 그러면서 세상 사람들을 향해 이렇게 묻는다.

사소취대(捨小取大), 작은 것을 버리고 큰 것을 취하라

- 백발인가? 우아한가?
- 주름이 많은가? 멋진가?
- 흠이 있는가? 없는가?
- 반밖에 없는가? 반이나 있는가?

사실 고대 그리스(기원전 500~300년)에서부터 이탈리아 르네상스 시대(1400~1700년), 그리고 영국 빅토리아 왕조(1837~1901년)까지만 해도 풍만한 체형의 여성이 최고 미인으로 꼽혔다. 그러던 것이 21세기 들어서면서부터 마른 몸매가 미의 기준이 되었다.

신장 175cm에 체중 약 80kg인 애슐리 그레이엄^{Ashley Graham}은 대표적인 플러스 사이즈 모델이다. 그녀는 《맥심^{Maxim}》과 《스포츠 일러스트레이티드^{Sports Illustrated}》 표지, 패션 잡지 《보그^{Vogue}》 영국판의 2017년 신년호 표지를 장식하기도 했다. 그녀를 팔로우하는 인스타그래머만 해도 500만 명이 넘는다. 하지만 그녀의 운동 영상에 악플을 다는 이들도 적지 않다.

- 절대 날씬해질 수 없으니, 이제 그만해!
- 그러다가 정말 날씬해지면 어떻게 하려고.
- 뚱뚱해야 모델 생활을 계속할 수 있잖아.

위 말은 뚱뚱한 여성에 대한 고정관념을 고스란히 담고 있다.

사실 그녀가 운동을 열심히 하는 이유는 단지 몸매를 유지하기 위해서가 아니다. 자신의 매력을 돋보이고 더욱 건강해지기 위해서다. 그런 점에서 오랜 기간 획일적이고 맹목적인 미의 기준이 바뀌어야 하듯 강점과 약점에 관한 편협하고 단정적인 시각 역시 이제 바뀌어야 한다.

앞서 언급한 유니레버 캠페인과 그레이엄의 사례에서 보듯, 개인이 가진 약점은 상대나 상황에 따라서 얼마든지 다른 모습으로 비칠 수 있다. 때로는 심오한 매력과 탁월함, 차별요인으로 충분히 주목받을 수 있는 것이다.

약점에 관한 세 가지 오해

약점의 민낯은 과연 어떤 모습일까. 평범한 사람들이 가진 약점에 관한 평가는 다음과 같다. 물론 사람에 따라 조금 다를 수는 있지만, 그 경계를 크게 넘지는 않는다.

- 약점은 부정적이다.
- 약점은 절대적이다.
- 약점은 영원하다.

세상에는 그 의미를 잘못 이해하고 있거나 그릇되게 해석하는 것이

사소취대(捨小取大), 작은 것을 버리고 큰 것을 취하라

의외로 많다. 중요한 것은 그로 인해 진실을 왜곡하거나 오해할 수 있다는 것이다.

약점에 관한 일반인들의 이해와 해석 역시 마찬가지다. 안타깝지만, 엄청난 오해 속에서 좀체 헤어나지 못하고 있다.

사실 위 세 가지는 약점에 관한 전형적인 오해다. 언뜻, 약점이란 긍정적이기보다는 부정적이고, 상대적 개념이라기보다는 절대적 개념에 가까우며, 그로부터 헤어나기란 애당초 불가능한 것처럼 보인다. '모자라서 남에게 뒤떨어지거나 떳떳하지 못한 점'이라는 약점의 정의를 통해서도 그 사실을 잘 알 수 있다. 이는 '약점을 노리다', '약점을 잡다', '약점을 찌르다', '남의 약점을 들추어내다'와 같은 부정적 언어 사용을 통해서도 잘 드러난다. 그러다 보니 약점을 보완하거나 극복하기보다는 강점에 집중하는 것이 훨씬 더 효율적이라는 논리가 우리 사고에 뿌리내리게 되었다. 그뿐이 아니다. 많은 사람이 다음과 같은 공식을 머릿속에 떠올리곤 한다.

$$S - W = P$$

다시 말해, '강점(S)-약점(W)=성과(P)'가 도출될 것이라는 출처 불명의 기대감이다.

분명히 말하지만, 강점과 약점의 크기를 계량적으로 도출할 수 없을 뿐더러 설령 그게 가능하더라도 위 식처럼 성과(P)로 표출하는 것은 불가능다. 왜냐하면, 개인과 조직이 가진 강점과 약점의 관계는 시한적 성격을 가진 상대적 문제이자 균형 차원에서 논의되어야 할 문제이기 때문이다.

오해 하나, 약점은 부정적이다?

약점은 또 다른 개성 표현에 불과할 뿐 굳이 감춰야 하는 게 아니다. 그렇다면 나만의 매력적인 특징으로 바꿔나가는 것이 옳다. 부끄러워할 이유는 전혀 없다. 차별화할 수만 있다면 더 없는 강점이 될 수도 있기 때문이다.

우리는 그동안 약점을 긍정적인 측면이 아닌 부정적인 측면에서 다뤄왔다. 예컨대, 약점 보완 및 개선에 투자할 여력이 있다면 차라리 강점 강화에 더 신경 쓰는 것이 훨씬 더 성공의 지름길이라고 가르치고 배운 것이다. 실제로 20세기까지는 그런 전략이 주효했다. 하지만 지금은 다르다.

특정 분야의 강점 하나만으로는 장기간에 걸친 성공이나 경쟁우위를 점하기가 갈수록 힘들어지고 있다. 비단, 개인에 한정된 얘기가 아니다. 조직 역시 마찬가지다. 기업이 생산하는 제품들을 유심히 살펴보라. 뛰어난 기능과 탁월한 품질로 시장에서 큰 인기를 끌고 있는가, 아니면 기능과 품질 문제로 소비자로부터 외면받고 있는가.

둘 다 아니다. 이제 기업이 시장에 내놓는 제품의 기능이나 품질에는 거의 차이가 없다. 그러니 기업이 내세울 만한 출중한 강점은 거의 없다고 해도 과언이 아니다. 이와 관련해서 한국커뮤니케이션연구소 오익재

소장은 한 칼럼에서 다음과 같이 이야기한 바 있다.

> 우리는 눈을 통해서 세상을 본다. 우리 모두의 눈 망막에는 맹점이라
> 는 게 있다. 결국, 우리는 모두 맹점을 갖고 있는 셈이다. 그 맹점에서는
> 어떤 꼴도 깔도 감지할 수 없다. 하지만 그것이 없다면 우리는 그 어느
> 것도 볼 수 없다. 맹점을 통해서만 우리는 비로소 세상을 본다.

— 《한국일보》, 2008년 11년 18일

참으로 공감 가는 지적이다. 여기서 얘기하는 맹점이란 누구나 가진
약점이라고 봐도 무방하다. 우리는 자신이 가진 약점을 통해 타인을 바
라보고 평가한다. 그만큼 약점은 중요하다. 그런데 약점을 잘못 인식하
거나 관리하게 되면 어떻게 될까. 단순히 성공을 가로막는 하나의 장애
물로 머무는 게 아니다. 왜곡된 정보를 받을 들일 수도 있고, 강점을 물고
늘어지면서 정작 우리가 휘두르고자 하는 무기를 무디고 녹슬게 만들 수
도 있다.

어떤 사람들은 이렇게 얘기한다. "약점은 부채가 아니라 자산"이라고.
그 속에 엄청난 잠재력과 성공의 씨앗이 들어 있기 때문이다. 따라서 약
점을 부정적으로만 받아들이고 배제하기보다는 채찍으로 생각하고 자
신을 끊임없이 단련해야 한다. 그것이 약점을 강점으로 만드는 비결이
자 성공의 지름길이다.

동서양을 잇는 거대한 제국을 건설한 칭기즈칸. 그는 자신의 약점을
깨닫고 그것을 끊임없이 단련한 후 주변 환경마저 극복해 마침내 전설

적인 영웅이 되었다.

나는 전쟁에 져서 내 자식과 부하들이 뿔뿔이 흩어져 돌아오지 못하는 참담한 현실 속에서도 절망하지 않고 더 큰 복수를 결심하였다. 군사 1백 명으로 적군 1만 명과 마주쳤을 때도 바위처럼 꿈쩍하지 않았다. 숨이 끊어지기 전에는 어떤 악조건 속에서도 포기하지 않았다.

나는 죽기도 전에 먼저 죽는 사람을 경멸했다. 숨을 쉴 수 있는 한 희망을 버리지 않았다. 나는 흘러간 과거에 매달리지 않고 아직 결정되지 않은 미래를 개척해 나갔다.

알고 보니, 적은 밖에 있는 것이 아니라 내 안에 있었다. 그래서 나는 그 거추장스러운 것들을 깡그리 쓸어버렸다. 나 자신을 극복하자 나는 칭기즈칸이 되었다.

_**《밀레니엄맨 칭기즈칸》**에서

그러기에는 너무 계획성이 없다고? 너무 복잡하게 생각하지 마라. 무리하게 체계화할 필요도 없다. 창의적인 인재로 거듭나면 된다. 자유로운 발상까지 할 수 있으니 얼마나 좋은가.

글솜씨가 없다고? 걱정하지 마라. 처음에는 다 그렇다. 글솜씨가 미숙한 건 아직 글을 많이 써보지 않았기 때문이다. 글은 쓰면 쓸수록 늘기 마련이며, 상상력을 키우면 된다. 글은 지식이나 경험보다 상상력이 우선이다. 조앤 K. 롤링이 마법사여서 《해리포터》를 쓸 수 있었던 건 아니다.

약점이 부정적인 이유는 그것을 알려고도, 설령 알아도 보완하거나 개선하려고 하지 않는 뒤틀린 시각과 자세 때문임을 명심해야 한다.

오해 둘, 약점은 절대적이다?

약점은 본래 강약의 지표이자 상대적 개념이다. 약점의 한자 '약(弱)' 은 '힘이 적거나 덜하다'라는 뜻으로, 강약이라는 테두리 속에서 개개인 의 주관으로 규정되는 정도의 차이를 말한다. 그러나 약점과 유사한 의 미인 '결점'은 절대적 개념이다. 결점은 존재하느냐, 그러지 않느냐는 유 무의 개념으로 사용되기 때문이다. 제품 불량 및 결함을 없앨 목적으로 추진하는 '무결점 운동'이 그 대표적인 경우다.

단언컨대, 약점은 상대적 개념이다. 약점 혹은 강점의 기준이 뭔가. 대 답하기가 쉽지 않은 이유는 애당초 그 기준이 존재하지 않기 때문이 아 닐까.

약점과 강점은 서로 비교하는 가운데 느끼는 것이다. 따라서 약점의 정도를 올리거나 낮추는 것이 얼마든지 가능하며, 그 정도는 상대에 따 라서 얼마든지 달라질 수 있다. 다시 말해 사람마다 자신의 약점을 해석 하고 적용하는 데 상당한 차이가 존재한다.

그래서일까. 객관적으로 볼 때 아무런 문제 및 약점이 없는데도 스스 로 확대해석해서 마치 치명적인 약점을 가진 것처럼 집착하고 행동하는 사람들이 간혹 있다. 주변 사람들은 전혀 개의치 않는데도 말이다.

다음 대화를 보자.

"남자치고 키가 좀 작다는 이야기를 자주 들었어."

"키가 얼만데?"

"165cm 조금 넘어."

"그렇게 안 보이는데."

"키높이 구두를 신어서 그래."

위 대화에서 보듯, 대화의 주인공은 본인 스스로 '키가 작다'고 규정한 약점에 철저히 구속되어 있음을 알 수 있다. 진정한 약점이란 애당초 이런 것인지도 모른다.

자신의 약점이 다른 사람에게는 동경의 대상이거나 막강한 강점인 경우도 있다. 마찬가지로 자신의 어떤 강점이 어떤 사람에게는 약점으로 비칠 수도 있다. 예컨대, "그녀는 말이 빠르다"라는 말의 경우, "상대와 많은 대화를 하려고 말을 빨리한다"라는 강점으로 바라볼 수도 있지만, "말이 너무 빨라서 정확히 알아들을 수 없다"라는 약점이 될 수도 있다.

자동차 부품을 전문적으로 생산하는 K사가 있다. K사가 내세우는 강점과 약점은 다음과 같다.

● **강점**
  ─ 마케팅 전략이 탁월하다.
  ─ 모든 직원이 외국어를 자유자재로 구사한다.

● **약점**
  ─ 규모가 크지 않다.
  ─ 인지도가 낮다.

사소취대(捨小取大), 작은 것을 버리고 큰 것을 취하라

먼저 K사는 '마케팅 전략이 탁월하다'는 것을 강점으로 분류했다. 하지만 관점을 바꾸면 마케팅에서는 탁월한 능력을 갖추고 있지만, 경영전략 및 생산관리, 금융·재무관리 등에서는 능력이 크게 떨어지는 불균형적 구조로 되어 있을 수도 있다. 이 경우 마케팅 전략은 과연 K사의 강점일까, 약점일까?

'모든 직원이 외국어를 자유자재로 구사한다'라는 강점 역시 되짚어 볼 필요가 있다. 만일 고객 대부분이 외국계 기업이라면 그야말로 엄청난 강점임이 분명하다. 하지만 고객이 외국어를 전혀 사용하지 않거나 그럴 기회가 거의 없는 기업이라면? 이 경우 뛰어난 외국어 실력은 강점일까, 약점일까.

반면, 규모가 크지 않다는 것이 약점일 수도 있지만, 지금은 '큰 것이 작을 것을 제압하는 시대'가 아닌 '빠른 것이 느린 것을 제압하는 시대'다. 따라서 시장 변화에 맞춰 빨리 움직이고 변하는 회사야말로 진정한 강자라고 할 수 있다.

이렇듯 강점과 약점은 자의적인 해석이 아니라 해당 기업이 어떤 전략을 취하느냐에 따라 완전히 다른 모습을 할 수 있다. 예컨대, 대규모 프로젝트 및 수많은 고객을 상대로 하는 경우, 규모가 크지 않다는 것은 분명 약점임이 분명하다. 하지만 스피드를 중시하는 프로젝트라면 얘기가 다르다. 오히려 그것이 강점일 수도 있기 때문이다. 즉, 프로젝트 성격에 따라서 얼마든 강점이 약점으로, 약점이 강점으로 바뀔 수 있다.

비교 대상에 따라서 강점과 약점이 얼마든지 달라질 수도 있다. 즉, 경쟁 상대에 따라서 강점과 약점이 달라지는 것이다. '소규모'와 '스피드'라는 강점은 대기업과 경쟁하는 때만 통용된다. 동일 규모 기업과 경쟁하는 경우에는 더는 강점이 아니다. 상대 역시 유사한 특징을 갖고 있기 때문이다. 결국, 강점 및 약점은 경쟁 상대가 누구냐에 따른 상대적 문제일 뿐이다.

패스트푸드 업계의 최강자 맥도날드의 강점은 과연 무엇일까. 빠르고 편리함? 그런 강점은 오히려 작은 분식점이 더 앞설지도 모른다. 그럼, 주문한 음식을 여유롭게 먹을 수 있다는 것? 분식점보다는 분명 여유롭게 음식을 먹을 수 있지만, 그것을 다른 가게, 예컨대 한정식이나 일식집으로 확대하면 얘기가 달라진다. 즉, 경쟁 상대를 누구로 지목하느냐에 따라서 강점 및 약점은 수시로 바뀐다.

고객에 따라서 강점 및 약점이 바뀌기도 한다. 맥도날드의 강점 중 하나는 '해피밀'로 대표되는 어린이 메뉴다. 하지만 이는 대학생이나 직장인들과 같은 성인들에게는 해당하지 않는다.

거듭 말하지만, 우리는 수많은 약점을 지닌 연약한 존재이다. 중요한 것은 그것을 어떻게 보완하고 관리하느냐에 따라 그 결과가 확연히 달라진다는 것이다.

주위를 살펴보면 자신의 약점을 제대로 인식하지 못하는 사람이 의외로 많다. 겉으로 보기에는 사교성이 뛰어나서 농담도 잘하고 털털해 보이지만, 실제로는 굉장히 내성적이고 민감한 탓에 자신의 본 모습을 제대로 보여주지 못하는 사람들이 그 대표적인 경우다. 그들은 능수능란한 사교성의 대가라는 강점만 드러날 뿐 실제 본 모습은 드러내지 못한다. 그런데도 자신의 약점은 절대적이라고 단정 짓곤 한다.

명심하라! 약점이 약점으로 남는 이유는 스스로 그것을 약점이라고 단정하고 믿기 때문이라는 것을.

오해 셋, 약점은 영원하다?

이 세상에 영원한 강점은 없다. 그것이 유익하다고 판단하는 순간부터 그것을 모방하거나 업그레이드시키려는 사람들이 있기 때문이다. 현실은 항상 변한다. 세상 역시 마찬가지다.

개개인의 잠재력·사상·지식·환경 역시 변한다. 따라서 지금의 약점이 영원한 약점은 아니다. 약점과 강점은 상호 공존하며 끊임없이 변화를 거듭한다. 약점은 강점 안에, 강점은 약점 안에 존재한다.

"판타 레이Panta Rhei!"

'만물은 흐른다'라는 뜻으로 그리스 철학자 헤라클레이토스Herakleitos가 한 말이다. 그는 만물은 어느 한순간에 머물러 있는 것이 아니라 끊임없이 그 모습을 바꾸어가며 변화한다는 '만물유전'을 주장했다. 차가운 것은 뜨거워지고, 뜨거운 것은 차가워지며, 거친 것은 부드러워지고, 부드러운 것은 거칠어지며, 습한 것은 메마르고, 메마른 것은 습해진다는 것이다. 마찬가지로 약점은 강점으로, 강점은 약점으로 끊임없이 변화한다. 또한, 부드러움은 강인함을 제압하고, 약한 것이 강한 것을 누른다.

세상에는 강점만 가진 사람도, 약점만 가진 사람도 없다. 야누스의 얼굴처럼 누구나 강점과 약점이라는 두 개의 얼굴을 갖고 있다. 즐거움이 있기에 슬픔이 존재하듯, 강점이 있기에 약점 역시 존재하는 것이다.

강점과 약점은 인간의 두 발과도 같다. 한쪽이 일방적으로 앞서나갈 수 없다. 한 걸음씩 앞서거니 뒤서거니 하며 육중한 육체와 정신을 떠받치고 추구하는 방향으로 나아갈 수 있게 돕는다.

MAIN POINT CHECK

- 약점은 부정적인 것이 아닌 또 다른 개성 표현일 뿐이다. 따라서 감추거나 부끄러워해야 할 것이 아니라 차별화로 승화시켜야 한다.
- 약점은 절대적인 것이 아닌 강약의 지표이자 상대적인 것이다.
- 약점은 영원한 것이 아니라 강점과 공존하고 변화하는 것이다.

약점에 일어서고, 강점에 무너진다

경영의 신, 마쓰시타 고노스케의 세 가지 성공 비결

"당신의 성공 비결은 무엇입니까?"

"세 가지가 있습니다."

"그게 무엇입니까?"

"첫째, 가난한 집안에서 태어났다는 것! 둘째, 보잘것없는 학력! 셋째, 몸이 연약했다는 것입니다."

상대방은 자신의 귀를 의심했다. 분명 자신은 성공 비결을 물었지, 실패 원인을 물은 게 아니었기 때문이다.

남들에게는 세 가지 모두 분명 핸디캡으로 비칠 수 있지만, 자신에게는 너무도 값진 성공의 발판이었다는 이 말의 주인공은 일본에서 '경영의 신'이라 불리는 마쓰시타 고노스케松下幸之助다.

그는 파나소닉Panasonic을 창업해 세계적인 기업으로 성장시킨 입지전적인 인물로 새로운 국가 경영을 추진할 지도자 육성을 목표로 사재 70억 엔을 털어 '마쓰시타정경숙'을 설립하기도 했다. 그의 나이 85세 때의 일이었다.

그는 집안이 매우 가난했기에 일찍부터 돈의 소중함을 알았다. 그래서 남보다 몇 배 더 열심히 일했고, 초등학교 4학년 중퇴라는 학력밖에 없었기에 주변 사람들의 의견에 열심히 귀 기울이며 어디서건 배움을 청하는 것을 꺼리지 않았다. 그리고 이는 부하직원들에 대한 신뢰로 이어져 회사가 더 크게 성장한 비결이 되었다. 또한, 그의 여덟 형제 중 일곱 명이 결핵으로 사망했는데, 그 자신 역시 오랜 기간 피를 토할 만큼 건강이 좋지 않았다. 그 때문에 술이나 담배처럼 몸에 좋지 않은 것을 항상 멀리하고 건강에 유의했다. 태생적 연약함이 건강의 중요성을 깨닫게 해준 것이다. 그 결과, 그는 94세라는 장수를 누렸다.

그는 항상 이렇게 말하곤 했다.

"연약한 몸에 감사한다."

태어날 때부터 몸이 튼튼했던 사람은 자신의 건강만 믿고 반드시 무리해서 어느 순간 몸을 망가뜨리곤 하지만, 애초에 그렇지 못했던 자신은 어떤 일이건 무리하지 않고 중용을 취했다는 얘기다.

그의 성공 비결 중 특히 흥미로운 것은 가방끈이 짧아서 성공했다고 하는 말이다.

상식적으로 학력이 부족하다는 건 치명적 약점으로 작용할 가능성이 높지만, 그는 그것이 엄청난 힘이 되었다고 말한다. 부족한 학력을 보완하고자 자신의 의견을 앞세우기보다는 타인의 말을 항상 경청했기 때문이다. 실제로 그는 사람들의 얘기를 잘 듣기로 유명했다. 상대가 누구건 눈을 응시하고 고개를 끄덕여가며 끝까지 경청했다.

그러고 보면 우리 주변에 '화술'에 관한 강연은 넘쳐나지만, '경청'에 관한 강연은 거의 없다. 그 이유는 과연 뭘까. 자기주장만 옳다고 생각하는 우리 사회의 진부한 분위기 탓이다. 혹 말을 잘못하는 것이 부끄러울 수도 있다. 하지만 말을 잘하기에 앞서 상대의 말을 제대로 듣는 것이 먼저다.

"듣고 있으면 내가 이득을 얻고, 말하고 있으면 남이 이득을 얻는다"라는 아라비아 속담을 한 번쯤 깊이 되새길 필요가 있다.

약점을 뒤집으면 최고의 강점이 된다

약점이란 존재와 인식, 그리고 그로 인한 고통은 우리에게 자기성찰과 희망의 씨앗을 뿌리는 절호의 기회다.

《맹자》〈고자하〉 편을 보면 인생의 안락함과 타성에 젖은 이들에게 경종을 울리는 구절이 있다.

사람은 항상 잘못을 범한 후에 고칠 줄 알고, 그 마음이 괴로움을 겪고 생각에 방해를 받고 난 다음에야 더욱 분발한다. 또한, 얼굴에 드러나고 말로 표현해야만 비로소 이해한다. 나라 안으로는 법을 집행할 신하와 왕을 보필할 선비가 없고, 밖으로는 힘이 비슷한 경쟁국과 다른 나라의 위협이 없다면, 그 나라는 곧 멸망할 수 있다. 그런 뒤에야 '우환에 살고 안락에 죽는다'라는 이치를 깨닫게 된다.

'인간이 수많은 걱정 속에서 살아남고, 죽고, 망하는 것은 편안하고 즐거운 데 그 이유가 있다'라는 말이다. 한편으로는 약점에 일어서고, 강점에 무너진다는 얘기로도 들린다.

분명 실패의 쓰라린 경험이 면역될 수도 있다. 따라서 실패했을 때는 적당히 얼버무리거나 위로하지 말고 철저하게 그것을 음미하는 것이 좋다. 무엇이 좋지 않았는지, 어떤 문제가 있었는지 철저하게 자문하는 것이다. 그렇게 처절한 아픔을 맛보다 보면 자신의 약점을 스스로 깨닫게 된다.

약점에 눈 떴다면 이제 그것을 키워야 한다. 약점을 뒤집으면 최고의 강점이 된다. 냉혹한 얘기처럼 들릴지 모르겠지만, 자신의 모습을 직시하는 것이야말로 재능을 키우는 최고의 비결이다.

면역이란 말 그대로 질병을 이겨내는 신체 내부의 힘이다. 아무리 강한 균이나 바이러스, 기생물질이 신체 내부를 공격해도 면역력이 강하면 쉽게 병에 걸리지 않는다. 하지만 면역력이 약하면 조금만 균이 들어와도 곧 병에 무너지고 만다. 이는 병이라는 침입자와 마주해서 한 번이라도 싸워본 면역체계는 그 외부 물질을 기억하고 있다가 그것이 다시 침입해오면 신속하게 대처해서 그 병을 이길 수 있는 강한 시스템을 우리 몸 안에 만들기 때문이다.

약점으로 인한 실패 경험 역시 마찬가지다. 비록 처음에는 매우 고통스럽지만, 그로부터 뭔가를 배우고, 훌륭한 경험으로 삼으면 그 후의 인생을 사는 데 있어 적지 않은 도움이 된다. 따라서 자신의 약점을 깨달았을 때 무조건 자신을 몰아붙이거나, 부정적으로 생각하는 것, 침울해하는 일만은 절대 삼가야 한다.

일찍이 약점으로 인한 고통을 경험하지 못한 사람 중에는 단 한 번의 고통에 인생을 포기하는 경우도 더러 있다. 하지만 일찍이 그런 고통을 경험하고 극복한 이들은 그 역경을 이겨내는 자신감은 물론 다시 일어설 힘을 갖고 있다.

'일병식재^{一病息災}'

'한 가지 병으로 만병을 예방한다'라는 심오한 말로, 지병이 하나 정도 있는 사람이 병이 없는 사람보다 건강에 더 주의를 기울이고 절제된 생활을 해서 오래 살 수 있다는 뜻이다.

약점 역시 마찬가지다. 약점을 개선하고 보완하기 위해서 열심히 노력하면 화를 면할 수 있을뿐더러 궁극적으로는 강점으로 뒤바뀔 가능성도 얼마든지 있다.

불멸의 지휘자, 토스카니니의 뛰어난 기억력

1908년 11월 16일. 뉴욕 메트로폴리탄 오페라하우스에서 베르디의 '아이다' 공연이 열렸다. 지휘자는 이탈리아의 전설적인 지휘자 아르투로 토스카니니. 이날은 그의 미국 데뷔 무대였다.

그는 한마디로 '걸어 다니는 악보 도서관'이었다. 아무리 긴 악보라도 세 번만 연주하면 완전히 외워 버렸다. 그래서인지 많은 신문이 그의 비상한 기억력에 큰 관심을 가졌다. 한마디로 타고난 음악 천재였다.

사실 토스카니니의 암기력이 뛰어난 데는 그럴 만한 이유가 있었다. 공연장에서 악보를 보면서 지휘하는 것 자체가 불가능할 정도로 지독한 근시였기 때문이다. 그러니 자신의 약점을 보완하려면 악보를 통째로 외울 수밖에 없었다. 그는 오케스트라단원으로 살아남기 위해서 밤을 새워가며 악보를 통째로 외우기 시작했다.

사실 그가 처음부터 지휘자로 무대에 섰던 것은 아니다. 그는 첼로 연주자였다. 그렇다면 그는 어떻게 해서 지휘자로 무대에 서게 된 것일까. 이와 관련된 유명한 일화가 있다.

어느 날 큰 연주회가 열렸는데, 지휘자가 그만 감기에 걸려 무대에 설 수 없게 되었다. 문제는 그를 대신할 사람이 없었다는 것. 왜냐하면 오케스트라 지휘자는 악보를 전부 외우고 있어야 했기 때문이다. 악보를 다 외우고 있는 사람은 단원 중에 토스카니니가 유일했다.

결국, 그날 지휘는 토스카니니가 대신했고, 관중들은 그의 뛰어난 솜씨에 큰 박수를 보냈다. 그때부터 그는 오케스트라 지휘자로 활약했고, 결국 세계적인 명지휘자 반열에 올랐다.

···

P A R T   3

약 점 의   승 부 학

공 攻 피 彼 고 顧 아 我

공 격 에   앞 서

나 를 먼 저 돌 아 보 라

하수가 고수에게 무릎을 꿇는 주된 원인은 대부분 자기 범실에서 비롯된다. 눈앞에서 제 돌이 죽는지도 모르고 남의 돌만 잡으려고 애쓰기 때문이다. 이를 바둑 격언으로 표현하면 '생사불문살타生死不問殺他'라고 할 수 있다. '아생연후살타我生然後殺他'라는 또 다른 바둑 격언이 있다. 바둑 고수들이 즐겨 쓰는 말로 '자기 말이 산 다음에야 상대의 돌을 잡아야 한다'라는 뜻이다. 이는 당나라 현종 때 바둑의 명수 왕적신王積薪이 얘기한 '위기십결圍棋十訣'의 하나인 '공피고아攻彼顧我'와도 일맥상통하는 말로 상대를 이기려면 먼저 자신의 약점을 돌아본 후 큰 흐름을 살피라는 생존 지혜를 담고 있다.

— '삶이라는 경기에 임하는 프로와 아마추어의 차이'에서

가장 낮은 조건이
전체 수준을 결정한다

조직과 체제의 성격에 결정적인 영향을 미치는 것은 조직원 가운데 가장 해악적이고 열등한 사람들입니다. 뛰어난 사람들은 선동하고 도모하기보다 합의하고 기다릴 줄 알지만, 이익을 추구하는 사람들은 비슷하게 들떠 있는 의식을 모아 세력을 얻고 단기간에 총력을 다 합니다. 이것이 의회의 파렴치한 집단이기주의가 만들어지는 과정입니다.

— 이재천,《의회의 리비히 법칙》

식물 생장은 가장 부족한 원소의 영향을 받는다

C · H · O · N · P · S · Ca · Mg · K · Fe

이는 단순한 알파벳 나열이 아니다. 식물 생장에 필요한 10가지 원소, 즉 탄소(C) · 수소(H) · 산소(O) · 질소(N) · 인(P) · 유황(S) · 칼슘(Ca) · 마그네슘(Mg) · 칼륨(K) · 철(Fe)을 가리킨다. 10가지 원소의 주요 효능은 다음과 같다.

- 탄소 · 수소 · 산소 → 탄수화물 및 지방 제공

- 탄소 · 수소 · 산소 · 질소 · 인 · 유황 → 단백질 및 산소 제공

- 탄소 · 수소 · 산소 · 마그네슘 → 엽록소 생성

- 철 → 엽록소 및 호흡 작용

- 철 · 칼륨 · 칼슘 · 마그네슘 · 인 → 삼투압 및 신진대사 조절

19세기 독일 화학자 유스투스 폰 리비히Justus von Liebig는 10가지 원소 중 어느 하나라도 부족하면 다른 원소가 아무리 충분해도 식물이 제대로 생장하지 못한다는 사실을 밝혀냈다. 즉, 어떤 원소가 극단적으로 부족할 경우 다른 원소가 아무리 많아도 식물 생장에 전혀 도움이 되지 않는다는 것이다. 이는 식물 생장이 가장 부족한 원소의 영향을 받는다는 것을 말해준다.

구성원소	필요량	공급량	공급률
질 소(N)	100	60	60%
칼 륨(K)	40	10	25%
철(Fe)	2	2	100%

어떤 식물에 질소 60%, 칼륨 25%, 철 100%를 공급하면, 그 생장은 과연 어떻게 될까. 공급률 평균값인 62%의 생장이 이뤄질까. 그렇지 않다.

이 식물은 가장 낮은 원소인 칼륨으로 인해 25% 생장에 머물게 된다.

이렇듯 식물 생장은 가장 부족한 조건에 맞춰 결정되는데, 이를 '리비히의 법칙Liebig's law' 혹은 '최소량의 법칙law of the minimum', '최소율의 법칙'이라고 한다.

리비히의 법칙과 기업 경쟁력

리비히의 법칙은 본래 칼 스프렝겔Carl Sprengel이라는 농화학 학자에 의해 최초로 밝혀졌다. 하지만 리비히가 이 법칙을 일반화시킨 탓에 그의 이름이 붙여졌다. 스프렝겔이 이 법칙을 1828년 자신의 논문에 게재한 반면, 리비히는 그로부터 27년 후인 1855년 자신의 저서에 기술하였다. 이것만 봐도 스프링겔의 주장이 맞는다는 것을 알 수 있지만, 당시 누구도 이 사실을 인정하지 않았다. 리비히가 워낙 명망 높은 학자였기 때문이다. 실제로 리비히는 불과 21살에 훔볼트Alexander von Humboldt의 추천으로 기센 대학 교수가 될 만큼 능력이 뛰어났고, 훗날 '농업의 아버지'로까지 불리게 되었다.

리비히의 법칙은 기업(조직)에도 적용된다. 기업 경쟁력과 생존은 직원의 작은 실수, 즉 작은 사건에 의해 결정되는 경우가 많기 때문이다. 이는 조직에 아무리 우수한 인재가 많아도 능력이 떨어지는 몇 사람으로 인해 전체 수준이 결정되는 것과 같다. 그 때문에 불균형의 맹점과 특정 부분에 대한 과도한 집중을 비꼬거나 경고하는 의미로 종종 사용되기도 한다.

- 식물의 생장은 가장 부족한 원소의 영향을 받는다.

- 조직의 성격에 결정적인 영향을 미치는 것은 가장 해악적이고 열등한 부분

  이다.

- 최소량의 법칙은 불균형의 맹점과 특정 부분에 대한 과도한 집중을 비꼬거나

  경고하는 의미로 사용된다.

도쿠가와 이에야스가
천하를 장악한 비결

사람의 일생은 무거운 짐을 지고 먼 길을 걷는 것과도 같다. 서두르면 안 된다. 무슨 일이건 마음대로 되는 것이 없다는 것을 알면 굳이 불만을 가질 이유가 없다. 마음에 욕망이 생기거든 곤궁할 때를 생각하라. 인내는 무사장구(無事長久, 아무런 탈 없이 오래 버티는 것)의 근본, 분노는 적이라고 생각하라. 승리만 알고 패배를 모르면 해가 자기 몸에 미친다. 자신을 탓하되 남을 절대 나무라지 마라. 미치지 못하는 것은 지나친 것보다 낫다. 모름지기 사람은 자기 분수를 알아야 한다. 풀잎 위의 이슬도 무거워지면 떨어지기 마련이다.

　＿ 도쿠가와 이에야스 유훈

일본인들이 가장 추앙하는 세 영웅

싸움의 진정한 승자는 과연 누구일까. 최초로 천하를 장악한 사람일까, 최후에 천하를 장악한 사람일까. 그게 아니면 그 중간에 천하를 장악한 사람일까. 생각건대, 최후에 천하의 권력을 쥐고 호탕하게 웃는 이가 진정 승자가 아닐까 싶다.

나라마다 높이 받들어 우러르는 영웅이 있듯 일본인들에게도 그런 사람이 있다. 그중 가장 널리 알려진 세 사람이 있는데, 오다 노부나가織田信長, 도요토미 히데요시豊臣秀吉, 도쿠가와 이에야스德川家康가 바로 그들이다.

세 사람은 동시대를 살았으며, 천하의 주인 자리까지 올라선 걸출한 인물들이다. 하지만 전략과 인생관은 물론 각자의 삶 역시 확연히 달랐다. 그래서인지 세 사람에 대한 평가 역시 각각 다르다.

> 노부나가는 쌀을 구해다가 열심히 찧었고, 히데요시는 그것을 물과 적절히 섞어 반죽해서 구웠으며, 이에야스는 큰 힘을 들이지 않고 앉아서 천하라는 떡을 꿀꺽 삼켰다.

그런 이에야스를 가리켜 기회주의자라고 비판하는 사람들도 있지만, 세상에 기회주의자 아닌 사람이 있을까.

세 사람의 성격과 인생관을 적나라하게 엿볼 수 있는 재미있는 일화가 있다. 에도시대 말기 다이묘(지방 호족)였던 마츠라 세이잔松浦靜山의 수필집 《카츠시야화甲子夜話》를 보면 다음과 같은 얘기가 나온다.

누군가가 두견새를 선물로 보내왔는데, 새가 울지 않았다. 이를 지켜본 세 사람의 반응은 다음과 같았다.

> - 울지 않는 두견새는 죽여 버려야 한다. **— 오다 노부나가**
> - 울지 않는 두견새는 울게 만들어야 한다. **— 도요토미 히데요시**
> - 울지 않는 두견새는 울 때까지 기다려야 한다. **— 도쿠가와 이에야스**

두견새가 울지 않으면, 노부나가는 당장이라도 칼을 뽑아 내리쳐야 한다고 했고, 히데요시는 위협을 가해서라도 울게 해야 한다고 했으며, 이에야스는 울 때까지 기다리겠다고 했다. 이는 세 사람의 성격이 매우 대조적임을 말해준다.

성격, 인생관이 전혀 달랐던 세 사람

노부나가는 매우 독선적이고 성격이 급했지만, 그만큼 냉철하고 결단력이 강했다. 반면, 히데요시는 매우 교활했지만, 영리하고 임기응변에 강해 모든 일에 능동적이고 적극적으로 대했고, 이에야스는 전체적인 상황이 무르익을 때까지 전혀 조급해하지 않고 인내하며 기다릴 줄 아는 느긋한 성격의 소유자였다.

● '난세의 경영자' 오다 노부나가

아버지 '오다 노부히데'의 뒤를 이어 성주가 된 그는 그 위치상 언제든지 목숨을 잃을 위험성이 있었다. 더욱이 그는 일본 최초의 천하통일을 꿈꾸는 과정에서 항상 전투의 최전선에 섰다. 그러다 보니 그 자신도 "자신이 존재하는 것은 오늘뿐이며, 내일 목숨이 붙어있을 것이라는 보장은 어디에도 없다"라고 생각했다.

그는 현실을 매우 중요시했다. 그 때문에 과거 공로가 아무리 높아도 현재에 충실하지 않으면 매우 냉정하게 대했다. 즉, 눈앞의 엄청난 대가는 현실의 활약상을 바탕으로 주어지는 것일 뿐, 과거의 맹활약은 현재와 아무런 상관없다는 철학의 주인공이었던 셈이다. 험난하고 불투명한 시대를 살아가려면 모든 사물에 대한 판단을 그 자리에서 즉시 결정해야 했기 때문이다. 그러니 울지 않는 새는 이용 가치가 없다고 생각해 가차 없이 죽이는 극단적 현실주의를 추구했으며, 이는 그의 가장 큰 강점이기도 했다.

그를 난세에 적합한 경영자로, 이에야스를 치세에 적합한 경영자라고 말하는 것도 그런 성장 배경과 절대 무관하지 않다.

● '권모술수의 대가' 도요토미 히데요시

우리에게는 '임진왜란'의 원흉 및 '풍신수길'이라는 이름으로 더 잘 알려진 인물이다. 노부나가의 뒤를 이어 일본을 장악한 그는 정국 안정과 불만 세력의 눈을 외부로 돌리기 위해 조선을 침략한다.

미천한 농민 출신이라거나 장인, 상인이었다는 설이 난무할 만큼 그의 출신과 성장 배경은 아직도 수수께끼로 남아 있다. 하지만 이런 이야기가 떠도는 자체가 그가 보잘것없는 출신임을 입증한다.

그는 전임자 노부나가나 후임자 이에야스와는 달리 매우 전략적이었을 뿐만 아니라 영리했으며 임기응변에 뛰어났다. 그러다 보니 울지 않는 두견새는 협박해서라도 울게 하겠다는 강하고 적극적인 모습을 보였다. 이는 모든 수단과 방법을 동원해서라도 주어진 목표를 반드시 달성하겠다는 권모술수와 입신출세의 전형적인 모습을 보여준다고 할 수 있다.

● '초원의 청소부 하이에나' 도쿠가와 이에야스

8살부터 19살까지 볼모로 붙잡혀 이마가와가今川家 및 오다가織田家 등에서 불우한 시절을 보낸 그는 온갖 욕구 불만을 인내로 승화하는 법을 자연스럽게 터득했다. 하지만 볼모로 있었기에 당시 무사의 자제로서는 예외적일 만큼 신변 위험에 노출되는 일 없이 비교적 안전할 수 있었다. 이것이 그가 인생을 길게 보고 인내할 수 있었던 요인이다.

그의 유훈에도 그런 인생관이 잘 드러나 있다.

> 사람의 일생은 무거운 짐을 지고서 먼 길을 가는 것과 같다. 그러니 절대 서두르지 마라.

그래서일까. 노부가와가 49세, 히데요시가 64세에 생을 마감한 반면, 그는 무려 75세(만 73세 3개월)까지 장수했다. 당시 평균 수명이 40세 정도였음을 고려하면 천수를 누렸다고 할 수 있다.

노부나가는 자신의 강점인 현실 중시와 속전속결 정신을 강령으로 내걸었으며, 히데요시 역시 자신의 강점인 능동적이고 적극적 사고를 토대로 천하통일의 위업을 달성하였다. 그러나 최후의 승자 이에야스는 두 사람과 달리 모든 조건에서 최적 상황이 연출될 때까지 느긋하게 기다리며 호시탐탐 반전의 기회만을 노렸다. 매일 치열한 생존경쟁이 펼쳐지는 정글에 비유하자면 초원의 청소부 '하이에나'와 같다고 할 수 있다.

하이에나는 자신의 한계를 잘 알기에 동물의 왕 사자에게 절대 정면으로 맞서지 않는다. 힘으로 보나 체격으로 보나 사자를 당해낼 재간이 없기 때문이다. 그 때문에 사자가 식사를 마칠 때까지 멀찌감치 떨어져서 인내하며 상황을 지켜본다. 그리고 사자가 사냥꾼의 총에 쓰러지면 그제야 비로소 득달같이 달려들어 전리품을 고스란히 챙긴다.

실제로 그는 노부나가와는 친밀한 동맹을 맺었고(사실상 신하), 히데요시가 정권을 잡았을 때는 그의 충실한 신하가 되었다. 그리고 히데요시가 병사하자 서서히 자신의 야망을 드러내면서 천하의 주인 자리를 꿰찼다.

그는 급변하는 상황에 절대 일희일비하지 않았고, 모든 면에서 자기에게 유리한 최적 상황이 펼쳐질 때까지 참고 기다린 후에야 비로소 칼을 뽑았다. 그것이 바로 하루에도 몇 번씩 직면하는 생사의 가시밭길을 무사히 빠져나올 수 있었던 요인이자, 265년에 걸친 '도쿠가와 바쿠후'의 서막을 연 비결이다.

난세에 강자를 향해 생각 없이 달려들거나 약점을 노출하는 순간 기다리는 것은 의미 없는 죽음뿐이다. 이에야스는 누구보다도 그것을 잘 알고 있었다.

■ 진정한 승자란 험난한 세상을 무사히 헤치고 나와 천하 권력을 부여잡고 최후에 웃는 사람이다.

■ 울지 않는 두견새를 두고, 오다 노부나가는 곧장 칼을 뽑아 들어 내리칠 기세였고, 도요토미 히데요시는 협박을 가했지만, 도쿠가와 이에야스는 올 때까지 지켜만 봤다.

■ 도쿠가와 이에야스는 급변하는 상황에 절대 일희일비하지 않았다. 그는 상황이 무르익어 자신이 치고 나갈 최적 상황이 된 후에야 비로소 칼을 뽑았다.

전체는
부분의 합보다 위대하다

모든 인간은 부분 최적인 행동을 선택한다. 자신의 업무능력 평가를 행동의 기준으로 삼기 때문이다. 그것이 인간의 본성이다. 문제는 오늘날처럼 복잡다단한 시대에는 부분 최적이 전체 최적으로 연결되지 않는 경우가 많다는 것이다.

부분이 아닌 전체를 보라

제약이론나 TOC^{Theory of constraints}라는 말을 한 번쯤 들어봤을 것이다. 사실 그것은 그 이름과는 달리 콜럼버스^{Christopher Columbus}의 달걀처럼 매우 단순한 생각과 내용을 담고 있다. 하지만 관점에 따라서는 매우 심오한 이론이기도 하다.

제약이론이란 이름 그대로 기업 및 조직 활동 가운데 가장 약한 부분이나 영역(제약조건)에 주목해서 그곳을 집중적으로 강화하고 보완, 개선함으로써 최소한의 노력으로 최대 성과를 도출하는 경영 기법을 말한다. 예컨대, 지금 당신 손에 볼펜이 쥐어져 있다고 하자. 그 볼펜은 A, B, C라는 세 공정을 거쳐서 만들어지는데, 여기에는 세 명의 작업자가 필요하다. 공정 A는 민준, 공정 B는 지훈 그리고 공정 C는 현우가 담당하고 있다. 이들이 하루에 생산하는 부품 수는 다음과 같다.

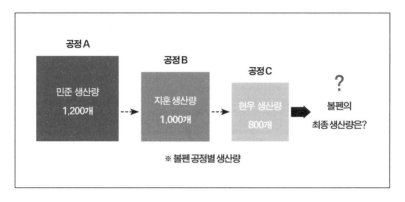

● 제약이론과 볼펜의 최종 생산량 ●

여기서 질문. 하루 생산되는 볼펜 수량은 과연 몇 개일까?

정답은 800개다. 민준과 지훈이 제아무리 많은 양의 부품을 생산해도 현우가 맡은 공정을 통과할 수 있는 하루 분량은 800개밖에 되지 않기 때문이다. 따라서 800개가 하루 볼펜 생산 능력의 한계다. 이때 현우의 공정은 바로 볼펜 회사의 '제약요인'에 해당한다.

이렇듯 공장 전체의 생산능력은 그 능력이 가장 낮은 공정의 생산능력이 결정한다. 유감스럽게도 가장 뛰어난 공정이 생산량을 결정짓는 게 아니다.

분명 충격적인 얘기임이 틀림없다. 더 많은 생산능력을 갖추고 있는데도 제약요인에 발목 잡혀 그 이상 볼펜을 생산할 수 없으니 말이다. 그 때문에 민준과 지훈의 생산량을 아무리 높여도 제약요인에 해당하는 현우의 잠재력을 높이거나 문제점을 개선하지 않는 한 공장 전체의 생산능력은 절대 향상될 수 없다. 반대로 각 공정에 대한 개선 노력을 현우에게 집중하면 그만큼 공장 전체의 생산능력이 향상될 수 있음을 의미한다.

부분 최적에서 전체 최적으로의 전환

제약이론은《더 골The Goal》이라는 책을 통해 처음 소개되었다. 당시 미국과 유럽의 수많은 기업이 찬사를 보냈으며, 일반인들의 반응 역시 기대 이상이었다. 이는 이스라엘 출신 물리학자 엘리야후 골드랫Eliyahu M. Goldratt 박사가 주장한 것으로 생산 활동 개선에 그 목적이 있다.

경영 패러다임을 되짚어볼 때 산업혁명 이후 20세기 중 · 후반까지는 전문화를 통한 부분 최적화가 대세였다. 똑같은 규격의 제품을 대량 생산하고 이를 대량으로 판매하던 시대였기에 경영 역시 전문화함으로써 능률을 최대한 끌어올리는 것이 이익으로 직결되었다. 그러나 자본주의 경제가 점점 성숙해지고, 사회와 문화가 다양하고 복잡해지면서 부분 최적이 강점에서 약점으로 변질하기 시작했다. 이른바 경제학에서 논의되고 있는 '부분 최적이 반드시 전체 최적을 의미하진 않는다'라는 '합성의 오류fallacy of composition'가 본격화된 것이다. 이 점에 관해서는 뒤에서 별도로 다루기로 하고, 다시 위의 예시로 돌아가 보자.

민준이 볼펜 회사 사장에게 잘 보이기 위해 자신이 담당하는 공정의 생산성을 최대한 끌어올려 매일 1,400개를 생산한다고 하자. 그러나 그 다음 공정인 지훈의 생산량이 하루 1,000개밖에 되지 않다 보니, 가공 대기 재고가 400개에 이르고, 다시 현우에게 넘어가면 생산량이 800개로 줄어 가공 대기 재고가 추가로 200개 늘어난다. 결국, 갈수록 볼펜의 가공 대기 재고만 수북이 쌓이는 것이다.

문제는 가공 중인 미완성품이 쌓일수록 기업은 그만큼 자금 압박을 받는다는 것이다. 더욱이 과거처럼 생산만 하면 곧바로 팔려나가는 시대가 아닌 만큼 재고 부담으로 인한 리스크는 점점 높아진다. 그런데 만일 이런 상황에서 민준이 공정 설비를 대폭 늘린다면? 그야말로 사태가 더욱 꼬이게 된다.

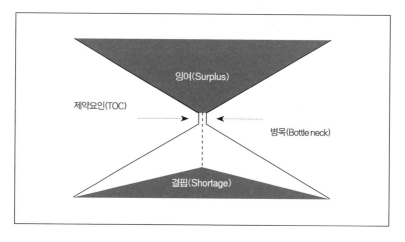

● 제약요인이 유발하는 잉여와 결핍 ●

제약요인을 개선하는 5단계 과정

제약이론이 추구하는 목표는 단 하나다. 더 많은 이익을 창출하는 것, 즉 '이익 극대화'다. 그러자면 제약요인 개선이 필수다. 제약요인을 단기간에 개선하고 변화를 끌어내기 위해서는 다음 5단계^{Five Focusing Steps} 과정을 거쳐야 한다.

❶ 제약요인을 발견한다.

❷ 제약요인을 최대한 활용한다.

❸ 제약요인 이외 것을 제약요인에 종속시킨다.

❹ 제약요인의 능력을 향상한다.

❺ 위 과정을 반복한다.

제약이론의 핵심은 크게 두 가지다. 보틀넥(병목)에 초점을 맞추는 것과 부분 최적과 전체 최적을 구별하는 것이 바로 그것이다.

흔히 우리는 어떤 문제에 부딪히면 무의식적으로 어디가 보틀넥인지 찾아내어 가장 먼저 그곳을 해소하려고 한다. 하지만 조금만 문제가 꼬이거나 복잡해지면 곧 포기해버린다. 단편적인 시각으로 문제에 접근하다 보니 어느 순간 보여야 할 보틀넥이 시야에서 사라지기 때문이다.

난제에 부딪혔을 때는 우선 원점으로 돌아가서 더 넓고 깊은 시각으로 보틀넥을 찾고, 그것을 해결하는 습관을 길러야 한다. 특히, 제약요인 해소의 세 번째 단계를 눈여겨볼 필요가 있다. 전문가들에 의하면, 제약이론 실천 과정에서 가장 번거롭고 까다로운 단계다.

"제약요인 이외의 것을 제약요인에 종속시킨다."

제약이론에 따르면 앞서 말한 대로 보틀넥 공정 이외의 공정은 생산

능력에 여유가 발생해도 생산량을 줄여야 한다. 즉, 민준의 생산량을 1,200개에서 800개로, 지훈의 생산량을 1,000개에서 800개로 줄여 현우의 생산량과 맞춰야 하는 것이다. 하지만 이런 결단을 내리기란 절대 쉽지 않다. 생산성 하락과 개인의 업무능력 평가는 비례하기 때문이다. 그 때문에 제약이론에 맞춰 생산량을 줄이려면 생산량과 개인의 업무능력 평가를 별개로 해야 한다.

모든 인간은 부분 최적인 행동을 선택한다. 자신의 업무능력 평가를 행동의 기준으로 삼기 때문이다. 그것이 인간의 본성이다. 문제는 오늘날처럼 복잡다단한 시대에는 부분 최적이 전체 최적으로 연결되지 않는 경우가 많다는 것이다. 그 때문에 기업 CEO는 전체 최적 시점에서 구체적인 성과(업적) 평가를 해서 각각의 부분 최적을 전체 최적으로 직결하도록 해야 한다. 하지만 실제 생산현장에서는 개인이나 조직, 공정처럼 단위별로 개선 활동과 설비투자가 이루어져 별다른 효과를 발휘하지 못한 채 귀중한 자원만 낭비하는 경우가 많다.

중요한 것은 전체가 아닌 자신(조직)이 잘 아는 영역 혹은 잘 할 수 있는 부분에만 집중적으로 시간과 돈, 에너지를 쏟는 실수를 하지 않아야 한다는 것이다. 진정 최적의 결과 및 생산성 향상을 기대한다면 항상 병목을 염두에 두고 일을 추진해야 한다.

결론적으로, 제약요인이란 조직 목표를 달성하는 데 있어 제약되는 요인을 찾아내서 집중적으로 개선함으로써 시스템 전체의 최적화를 달성하는 프로세스 중심의 경영혁신 기법이다. 여기서 말하는 제약이란, 설비 용량 부족, 인력 부족, 시장 상황, 부적절한 회사의 정책 및 프로세스 등 생산성 향상을 저해하는 모든 요인을 말한다. 이는 과거 지나친 전문화에 대한 반발에서 나온 것으로 기존 경영 패러다임이 부분 최적에서 전체 최적으로 전환되는 소중한 계기가 되었을 뿐만 아니라 "전체는 그 부분의 합보다 위대하다"는 사실을 새삼 일깨워주었다.

MAIN POINT CHECK

- 제약이론이란 기업 활동 가운데 가장 약한 부분이나 영역(제약조건)에 주목해서 그곳을 집중적으로 강화하고 보완, 개선함으로써 최소한의 노력으로 최대 성과를 얻는 경영 기법을 말한다.
- 제약이론의 핵심은 보틀넥(병목)에 초점을 맞추는 것과 부분 최적과 전체 최적의 구분에 있다.
- 전체는 그 부분의 합보다 위대하다.

도요타 '80점 주의 +*α*' 뒤에 숨겨진 비밀

'80점 주의 +*α*'란 기능 및 성능 모두 80점이라는 것이 아니다. 90점이 넘는 부문 역시 몇 개 정도 있어야 한다. 그래야만 모든 항목에 걸쳐 80점 이상 고득점을 받는 우수하면서도 전체적으로 균형 잡힌 자동차가 탄생할 수 있다.

뼈저린 반성이 낳은 새로운 슬로건, '80점 주의 +*α*'

세계에서 가장 많이 생산된 자동차는 뭘까?

정답은 일본 도요타^{TOYOTA} 자동차의 카롤라^{Corolla}다. 1966년 세상에 처음 나온 카롤라는 2005년 누계 생산 3,000만 대를 기록해 기네스북에 등재되었다. 나아가 2013년에는 누계 생산 4,000만대를 달성했고, 지금은 11번째 모델이 전 세계 154개국에서 팔리고 있다.

'80점 주의 +*α*'란 말을 들어본 적이 있는가. 카롤라는 도요타가 80점 주의 +*α*를 표방하며 개발한 자동차다. 무재고·무결함에 마른 수건까지 쥐어짜기로 유명한 완벽주의 도요타가 왜 100점이 아닌 80점 주의를 주장한 것일까.

1961년 도요타는 '퍼블리카^{Publica}'라는 자동차를 카롤라에 앞서 출시한 바 있다. 1950년대 일본 국민차 구상에 전략을 맞춘 차였다. 하지만 대중으로부터 철저히 외면받아 참담한 실패로 끝나고 말았다. 기능성과 실용성에 중점을 두다 보니 경제성은 우수했지만, 지나치게 사양이 간소화한 것이 실패의 주된 원인이었다.

도요타는 그 실패를 통해 '하나라도 탁월하면 그것으로 충분하다'는 생각을 비로소 접게 된다. 즉, 소비자가 요구하는 건 특정 부분의 탁월함만이 아니라는 사실을 깨달은 것이다.

특정 부분의 탁월함만으로는 절대 승리할 수 없다

그런 뼈저린 반성을 통해 내놓은 새로운 슬로건이 바로 '80점 주의 + α'였다. 이를 생각하고 구체화 한 사람은 초대 카롤라 개발 조사관이었던 하세가와 다츠오^{長谷川龍雄}였다.

그는 퍼블리카가 경제성(기능 및 실용) 측면에서는 합격점을 받았지만, 다른 부문에서 70점 이하의 낙제점을 받아 전체 평균이 합격점(일반인들의 인식)인 80점에 이르지 못했다고 생각해 80점에다 플러스알파를 덧붙였다. 80점을 목표로 해서는 80점을 절대 넘을 수 없다는 사실을 잘 알고 있었기 때문이다. 90점을 넘는 부문 역시 몇 개쯤 있어야 했다.

이와 관련해서 그는 다음과 같이 말한 바 있다.

"낙제점이 없어야 한다는 것이 80점 주의이기는 하지만, 그렇다고 해서 모두 80점이어서는 안되며, 90점을 능가하는 부문 역시 몇 개 정도 있어야 한다."

그렇게 해서 그는 평균 80점이 아닌 몇몇 핵심 기능에는 플러스알파, 즉 90점 이상을 목표로 새로운 자동차 개발에 착수했고, 모든 항목에 걸쳐 최저 80점에 도달하면, 다음에는 90점, 그리고 그다음에는 100점을 목표로 삼아 완성도 높은 자동차를 만드는데 심혈을 기울였다. 부분이 아닌 전체적으로 균형 잡힌 자동차 개발을 목표로 한 것이다.

카롤라가 전 세계에서 가장 많이 생산된 차로 기네스북에 오른 데는 그런 비밀이 숨겨져 있다.

카롤라는 라틴어로 '왕관^{crown}'을 의미한다. 그 이름 그대로 이 왕관을 벗긴 차는 과거에도 없었고, 현재도 없으며, 미래에도 쉽게 나타나지 않으리라는 것이 전 세계 자동차 업계의 공통된 의견이다.

☞ MAIN POINT CHECK

- 소비자가 원하는 것은 특정 부분의 탁월함만이 아니다.
- 전 세계 최다 판매 기록을 가진 카롤라는 도요타가 '80점 주의 +a'를 표방하며 개발, 생산한 자동차다.
- '80점 주의 +a'란 기능 및 성능 모두 80점이라는 것이 아니다. 90점이 넘는 부문 역시 몇 개 정도 있어야 한다. 그래야만 모든 항목에 걸쳐 80점 이상 고득점을 받는 우수하면서도 전체적으로 균형 잡힌 자동차가 탄생할 수 있기 때문이다.

공피고아(攻彼顧我), 공격에 앞서 나를 먼저 돌아보라

부분이 옳다고 해서
전체 역시 항상 옳은 것은 아니다

많은 사람이 모여서 뭔가를 구경하는데, 앞이 잘 보이지 않자 몇 사람이 자리에서 일어났다. 이 때 일어선 사람은 앞이 잘 보이겠지만, 모든 사람이 한꺼번에 일어서면 처음과 똑같은 상황이 연출된다. 이처럼 개인에게 옳다고 생각하는 행위도 많은 사람이 모이면 옳지 않은 경우가 있다. 이를 합성의 오류라고 한다.

— 폴 새뮤얼슨

최고의 합이 반드시 최고는 아니다

호날두, 메시, 수아레즈, 네이마르, 베컴, 웨인 루니, 카카, 호나우두, 루카쿠, 호나우지뉴, 부폰….

스포츠와 담을 쌓고 사는 이들도 한 번쯤 들어봤을 법한 이름이다. 그들은 자타공인 세계 최고의 축구 스타들이다. 그렇다면 과연, 이들 11명으로 한 팀을 만들면 어떻게 될까. 지구촌에서 가장 큰 축구대회라는 월드컵에서 우승할 수 있을까.

과거 사례가 있다. 스페인 명문 축구단 레알 마드리드^{Real Madrid}가 포지션별로 세계 최고 플레이어들만 모아 이른바 '지구방위대'를 구성했다. 하지만 정작 우승컵은 다른 팀이 가져갔다.

그렇다면 야구는 어떨까. 월드베이스볼클래식[WBC]에 출전하는 나라의 4번 타자와 제1 선발투수들만 따로 모아서 별도의 팀을 만들면 천하무적 팀이 될까. 물론 아니다.

이번에는 기업으로 시각을 옮겨보자. 이익률을 높이려면 어떻게 해야 할까. 고정비 지출을 줄이면 된다. 실례로, 인건비를 줄이기 위해 대량 해고를 결정했다고 하자. 과연, 주가는 어떻게 될까. 당연히 급등한다. 단, 두 질문 모두 '단서 조항'이 있다. 기업이라는 범위에 한정해야 한다는 것이다.

경영에서 이익 산출은 최고의 지상 과제다. 그러다 보니 많은 기업이 위기에 처하면 고정비를 삭감하기 위해서 대규모 구조조정을 단행한다. 그 결과, 어렵지 않게 최고 이익을 달성하고, 주가 역시 덩달아 크게 뛰게 된다. 그런 점에서 이 전략은 옳다고 할 수 있다. 하지만 경제 전체적인 측면에서 보면 어떨까.

시장에는 실업자가 넘쳐나고, 고용보험은 파탄 지경에 이르며, 사회는 점점 불안해질 것이 틀림없다. 나아가 이는 곧 나라 전체의 위기로 받아들여져 많은 국민이 더욱 지갑을 닫을 것이다. 당연히 기업 매출은 급속히 떨어지고, 경영은 더욱 악화한다. 개별 기업이 던진 황금빛 표창이 돌고 돌아서 자신의 목을 향해 날아드는 셈이다.

피자, 햄버거, 감자튀김, 스파게티, 떡볶이. 아이들이 즐겨 먹는 대표적인 패스트푸드다. 그럼, 이 5가지 메뉴를 한데 버무린 요리는 환상적인 맛일까. 유치원생이라면 적어도 그렇게 생각할 수 있다. 하지만 우리는 이미 답을 알고 있다. 맛은 고사하고 구역질이 올라오지 않으면 다행일 것이라는 걸.

공피고아(攻彼顧我), 공격에 앞서 나를 먼저 돌아보라

위에서 제시한 사례들은 '합성의 오류^{fallacy of composition}'의 대표적인 예다.

합성의 오류가 전하는 교훈

"부분이 옳으면 그것을 모은 전체 역시 항상 옳다고 생각하는 오류."

현대 경제학의 거장이자 노벨 경제학상을 받은 폴 새뮤얼슨^{Paul Anthony} ^{Samuelson}의 말이다. 그는 다음과 같은 예를 들기도 했다.

"많은 사람이 모여서 뭔가를 구경하는데, 앞이 잘 보이지 않자 몇 사람이 자리에서 일어났다. 이때 일어선 사람은 앞이 잘 보이겠지만, 모든 사람이 한꺼번에 일어서면 처음과 똑같은 상황이 연출된다. 이처럼 개인에게 옳다고 생각하는 행위도 많은 사람이 모이면 옳지 않은 경우가 있다. 이를 합성의 오류라고 한다."

합성의 오류와 관련해서 가장 자주 거론되는 것이 바로 '저축'이다. 다음 문제를 보자.

다음 저축의 역설에 관한 설명 중 옳지 않은 것은 무엇인가?

❶ 저축은 투자와 항상 일치하므로 반드시 투자 및 소득 증가로 이어진다.

❷ 저축의 역설 이론에 따르면 소비는 미덕이다.

❸ 불경기일수록 소비가 저축보다 중요하다.

❹ 저축 증가는 소비 감소를 의미하며, 이는 총수요를 감소시켜 국민소득 역시 줄게 된다.

개인에게 있어 저축은 이론의 여지가 없는 합리적 행동임이 분명하다. 하지만 모든 사람이 저축만 한다면 소비가 급속히 냉각되는 것은 물론 기업 및 시장이 급속히 악화할 것이 틀림없다. 그 결과, 노동자의 임금은 줄게 되고, 실업률 증가와 함께 불황의 깊은 늪으로 빠져들어 소비가 위축되는 악순환이 반복된다. 위기에 대비하기 위해 지갑을 닫으면 오히려 더 큰 위기가 닥칠 수 있는 것이다.

절약과 저축이라는 각론은 찬성하지만, 국민 전체의 이익이라는 총론에서는 반대할 수밖에 없는 논리가 바로 그것으로 불황 극복과 경기 부양에 되레 역효과만 초래한다.

이런 현상을 가리켜 영국의 경제학자 케인스John Maynard Keynes는 '저축의 역설' 혹은 '절약의 역설'이라고 했다. 따라서 합성의 오류라는 측면에서 볼 때 저축과 절약은 반드시 권장만 해야 할 정책이 아니다. 미시경제microeconomics에서는 미덕이지만, 거시경제macroeconomics에서 보면 악덕이라는 괴물로 바뀌기 때문이다. 그런 점을 고려할 때 위에서 제시한 문제의 정답은 ①번이라고 할 수 있다.

돈은 자본주의 시스템의 젖줄과도 같다. 합성의 오류는 저축과 소비가 균형을 이룰 때 비로소 경제가 숨통이 트인다는 것을 말해준다. 아울러 개인적인 차원에서는 합리적인 행동도 다수가 동시에 똑같은 반응을 하게 되면 전체적으로는 매우 비합리적인 결과를 초래할 수도 있음을 말해준다.

■ 합성의 오류란 부분이 옳으면 그것을 모은 전체 역시 항상 옳다고 생각하는 것이다.

■ 돈은 자본주의 시스템의 젖줄과도 같다. 합성의 오류는 저축과 소비가 균형을 이룰 때 경제가 비로소 숨통이 트인다는 것을 말해준다.

■ 가계와 기업, 시장을 둘러싼 미시경제 주체들이 모두 옳다고 생각하는 행위라도 그것이 총망라되는 거시경제 측면에서는 옳지 않거나 의도하지 않은 최악의 결과를 초래할 수 있음을 유의해야 한다.

삶이라는 경기에 임하는
프로와 아마추어의 차이

조종사가 조종석에 설치된 수많은 계기판을 관찰해가며 기체의 균형을 잡듯 경영 역시 여러 요소
가 서로 균형을 이룰 때 최종 산출물이 급속히 늘어난다.

생사불문살타生死不問殺他, 아생연후살타我生然後殺他의 가르침

테니스 경기에서 프로 선수들은 총점의 80%를 얻어 승리하는 반면,
아마추어들은 80%를 잃어 패배한다. 이것은 프로 선수들의 시합 중 상
대방이 받아내지 못하는 굿 샷의 합계가 5분의 4정도 된다는 뜻이다. 이
와 달리 아마추어들은 상대의 실수(네트에 공이 걸리거나, 공을 높이 쳐
서 아웃되거나, 더블폴트를 범하거나, 공을 치려다 놓치거나, 신발 끈에
걸려 넘어지는 등)로 점수의 80%를 얻는다.

경영 전문기자로 오랫동안 활동했던 리처드 뉴턴Richard Newton의 저서《급

공피고아(攻彼顧我), 공격에 앞서 나를 먼저 돌아보라

이 다른 생각《Little Book of Thinking Big》에 나오는 내용이다. 이에 대해 물리학자이자 작가인 시몬 라모Simon Ramo는 이렇게 말한 바 있다.

"아마추어가 승리하는 최고 비결은 (아웃이 되지 않도록) 공을 인플레이 상태로 유지하면서 자연스럽게 상대방이 점수를 잃게 만드는 것이다."

이는 아마추어라도 자신의 약점을 잘 살피는 한편 과욕을 부리거나 무모하게 달려들지만 않는다면 프로 선수를 충분히 이길 수 있다는 말이다.

수년 전부터 필자는 일주일에 두 번 정도 탁구를 즐긴다. 알다시피, 탁구는 혼자 하는 것이 아닌 상대가 있는 스포츠로 경기에서 이기는 방법은 크게 두 가지다. 월등한 기량을 발휘해서 상대를 압도하는 것과 상대의 실수를 유도하는 것. 그런데 경기를 하다 보면 종종 흥미로운 일을 경험하곤 한다. 그것은 하수와 고수가 맞붙는 경기에서 여지없이 드러난다. 어드밴티지를 챙긴 하수는 어떻게 해서건 고수를 이기려고 기를 쓰고 달려드는 반면, 고수는 방어 위주의 경기를 펼치다가 기회가 오면 자신의 강점을 살려서 바로 득점으로 연결한다는 것이다.

하수가 고수에게 무릎을 꿇는 주된 원인은 대부분 자기 범실에서 비롯된다. 고수의 날카로운 공격이나 강력한 드라이브, 스매싱을 막지 못해서 지는 것이 절대 아니다. 자신의 무리한 공격에 더해 수시로 터지는 서브 실수와 과욕 등이 자멸을 부른다.

바둑 격언으로 이를 표현하면 '생사불문살타生死不問殺他'라고 할 수 있다. 눈앞에서 제 돌이 죽는지도 모르고 남의 돌만 잡으려고 애쓰기 때문이다. 강력한 스매싱이나 까다로운 서브 하나면 상대를 충분히 잡을 수 있다는 과욕이 약점을 덮어 결국 무릎을 꿇는 것이다.

'아생연후살타我生然後殺他'라는 또 다른 바둑 격언이 있다. 바둑 고수들이 즐겨 쓰는 말로 '자기 말이 산 다음에야 상대의 돌을 잡아야 한다'라는 뜻이다. 즉, 남을 공격하기에 앞서 자신의 약점을 살피거나 보완하지 않고 무모하게 상대의 돌을 공격하다가는 되레 큰 해를 입을 수 있다는 말이다. 이는 당나라 현종 때 바둑의 명수 왕적신王積薪이 얘기한 '위기십결圍棋十訣'의 하나인 '공피고아攻彼顧我'와도 일맥상통하는 말로 상대를 이기려면 먼저 자신의 약점을 돌아본 후 큰 흐름을 살피라는 생존 지혜를 담고 있다.

싸움에서 이기고 싶다면 가장 먼저 자신이 상대보다 강자인지 약자인지를 알아야 한다. 그런 다음 자신이 약자라고 판단되면 절대 단숨에 승부를 보겠다며 성급히 달려들어선 안 된다. 약점을 최대한 보완한 후 싸움에 임해야 한다.

'돌부처' 이창호 바둑의 숨은 비밀

바둑에서 '돌부처' 하면 떠오르는 사람이 있다. 이창호 9단이 바로 그다. 돌부처는 늘 무표정하고 꿈쩍하지 않는 과묵하고 성실한 그의 모습을 빗대어 주변 사람들이 붙여준 별명이다.

드라마 〈응답하라 1988〉에서 박보검이 연기한 최택 역의 실제 모델이 이창호 9단으로 알려지면서 큰 화제가 되기도 했다. 비록 전성기가 한참 지나긴 했지만, 그는 한 시대를 풍미한 세계 최고 프로기사 중 한 사람임이 틀림없다.

바둑전문위원 박치문의 바둑시론 '이창호 이야기'를 보면 그의 승부 비결을 읽을 수 있는 자못 흥미로운 대목이 나온다.

창호는 밤잠을 이루지 못하며 실수에 매달렸다. 진 바둑은 패배가 이해될 때까지 성실하게 복기復碁를 계속했다. 실수를 찾아낸 뒤 이런 수를 다시는 두지 말 것을 자신에게 타일렀다. 많은 실수를 검증하면서 창호는 어린 나이임에도 바둑이란 실수로 이기고 실수로 진다는 사실을 절감했다. 99%가 확실해도 나머지 1%가 불확실하다면 그 길은 완전한 길이 아니다.

100점 혹은 그에 가까운 수를 두다가도 실수로 50점짜리나 그 이하의 터무니없는 한 수를 두게 되면 그때부터 곧 위기가 닥친다. 이는 바둑도, 인생도, 경영도 마찬가지다.

그런 점에서 돌부처 이창호의 바둑은 매우 평범하다. 그래서 간혹 지켜보는 이들이 불평하기도 한다. 천재성과 화려함을 증명해주길 원했는데, 투박하게 80점 혹은 90점짜리 수로만 일관하기 때문이다.

한 마디로 그의 바둑의 비밀은 절대 실수를 용납하지 않는다는 데 있다. 그러다가 막판에 귀신같은 반집으로 승부를 결정하는데, 그제야 그의 천재성에 사람들은 혀를 내두르곤 한다.

100점만 노리는 화려한 천재가 나을까, 아니면 80점을 두는 균형 잡힌 범재가 나을까. 단언하기 힘들지만, 적어도 승부의 결과가 모든 걸 얘기하는 세계라면 후자의 생존 가능성이 훨씬 더 높다.

이창호의 바둑은 균형 잡힌 전체 최적의 중요성이 승부에 얼마나 소중한지 잘 일깨워주고 있다.

BSC와 균형의 중요성

"측정 없이 관리할 수 없다."

성과관리의 중요성을 말할 때 자주 언급하는 말이다.

공공 부문 성과측정 방법 중 가장 주목받는 것이 있다. 균형성과지표라고 불리는 'BSC^Balanced Score Card'가 바로 그것이다. 정부는 물론 공공기관과 지방자치단체들이 성과 중심 경쟁체제 구축을 위해 앞다퉈가며 이 수법을 도입하고 있다.

BSC는 1992년 하버드대학 로버트 카플란^Robert Kaplan 교수와 데이비드 노턴^David Norton 박사가 주장한 새로운 성과평가 시스템으로 다음 4가지 지표를 종합해 균형 잡힌 성과 분석을 시행한다.

- 재무적 관점
- 고객 관점
- 업무 프로세스 관점
- 학습 및 성장 관점

경영은 주어진 몇 가지 특성(요소)의 균형 위에서 성립한다. 따라서 어느 한 요소라도 결핍되어 균형을 잃게 되면 최상의 결과는 절대 도출

될 수 없다.

BSC는 업적평가 기준에 대한 피드백을 반복함으로써 프로세스와 구성원의 의식 개혁을 촉진하고, 단기적 이익 및 장기적 이익의 균형, 기업 전체 목표와 부문 간 목표의 균형, 주주와 고객, 종업원 등 이해관계자 사이에 균형을 유지하며 기업혁신을 끌어내는 수법이다. 여기에 주목하는 이유는 간단하다. 재무측정에만 치우쳐 왔던 성과측정 시스템의 한계 때문이다.

지금까지 대부분 조직(기업)에서는 구성원들의 성과측정 시 얼마나 해당 조직(기업)에 금전적 이익을 가져왔는지에만 관심을 두었다. 그러다 보니 외부적으로는 성장의 벽에, 내부적으로는 예상치 못한 엇박자와 부작용에 시달리기 일쑤였다. 이른바 슬로건은 장밋빛 목표에 가깝지만, 실상은 허망한 숫자의 주술이라는 '숫자의 함정'에 빠져 헤맨 것이다.

BSC를 말할 때 종종 인용되는 사례가 비행기 조종석이다. 조종사는 비행기 조종 시 현재 위치와 목적지를 명확히 규정하고, 계기판을 통해 연료 · 속도 · 고도 · 방향 등 기체 및 기상에 관한 상세한 정보를 파악한다. 또한, 고객이 장시간 여행에 지치지 않도록 배려하고, 목적지까지 비행기를 안전하게 조종한다. 고객만족도가 높을수록 재탑승률 역시 높아지기 때문이다.

기업 경영 역시 마찬가지다. BSC는 다음 그림처럼 4가지 시점에 근거해서 기업 경영에 불가결한 내부정보와 외부정보를 적절히 입수하고, 환경 변화에 따른 정확한 의사결정을 수행함으로써 기업의 미래를 키워나간다.

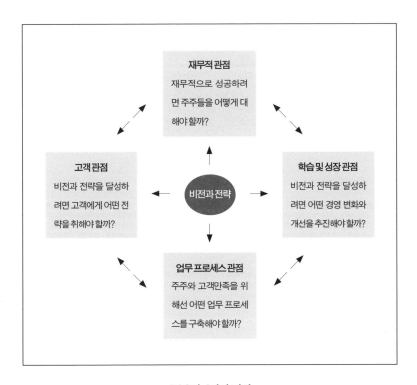

● **BSC의 4가지 관점** ●

가장 중요한 것은 각 관점에서의 밸런스, 즉 균형을 잡는 것이다. 예컨대, 조종사가 속도를 지나치게 내거나 고도를 너무 높게 혹은 너무 낮게 잡을 경우 비행기가 도중에 추락할 수도 있다.

조종사가 조종석에 설치된 수많은 계기판을 관찰해가며 기체의 균형을 잡듯 경영 역시 여러 요소가 서로 균형을 이룰 때 최종 산출물이 급속히 늘어난다. 이것이 바로 BSC가 추구하는 진정한 목표다.

공피고아(攻彼顧我), 공격에 앞서 나를 먼저 돌아보라

- 아생연후살타我生然後殺他와 생사불문살타生死不問殺他, 공피고아攻彼顧我는 상대보다 앞서려면 먼저 자신에게 허점이 없는지 살펴야 한다는 생존 지혜를 담고 있다.

- 돌부처 이창호의 바둑은 균형 잡힌 전체 최적이 승부에 얼마나 중요한지 새삼 일깨워준다.

- BSC가 추구하는 진정한 목표는 조종사가 조종석에 설치된 수많은 계기판을 관찰하며 기체의 균형을 잡듯 경영의 여러 요소가 서로 균형을 이루도록 하는 것이다.

약점으로부터 무조건 도망가지 마라

약점은 자신의 참모습을 판단하는 중요한 척도

인생의 10%는 자신이 만들고, 나머지 90%는 그것을 어떻게 받아들이느냐에 달려있다.

누가 한 말인지는 모르겠지만, 100% 공감 가는 말이다. 사람은 누구나 가능성을 평등하게 부여받고 태어난다. 태어날 때부터 천재적 가능성을 부여받은 이는 결코 없다. 그런데 점점 격차가 발생하는 이유는 부모 탓도, 환경 탓도, 사회 탓도 아니다. 모든 책임은 자기 자신에게 있다.

물론 부모나 환경, 사회 등의 요소가 전혀 영향을 미치지 않는 것은 아니다. 자신이 그것을 어떻게 받아들이느냐에 따라서 얼마든지 긍정 혹은 부정적으로 작용할 수 있기 때문이다. 예컨대, 별다른 노력을 하지 않으면서도 항상 "나는 환경이 좋지 않아서"라고 신세 한탄이나 하는 사람은 그 원인이 자신의 게으름에 있음을 절대 모른다. 과거는 저 멀리 사라졌고, 미래는 여전히 다가오지 않은 미지수이거늘, 어찌 허튼 열등감에 사로잡혀 인생을 허송세월할 수 있단 말인가.

명심하라! 약점은 감춰진 자신의 참모습과 현재를 판단하는 중요한 척도임을.

약점을 명확히 인식하는 사람만이 약점을 극복할 수 있다

약점을 스스로 극복한 사람은 인생이라는 게임에서 이미 다른 사람보다 한두 발 앞서간다고 할 수 있다. 실제로 인간은 자신에게 약점이나 결점이 있으면 그에 맞서기 위해 부단한 전략을 세운다고 한다.

이런 주장을 한 사람은 일본의 저명한 뇌 과학자 모기 겐이치로^{茂木健一郎} 박사로, 그는 《아사히신문^{朝日新聞}》에 게재한 〈약점은 강점으로 크게 바뀐다〉라는 칼럼에서 매우 흥미로운 주장을 한 바 있다.

뇌가 가진 불가사의한 시스템 중 하나는 약점을 스스로 극복하려는 움직임이 존재한다는 것이다. 본인 스스로 명확한 약점이라고 생각하는 것, 다른 사람과 비교해서 열등하거나 서투르다고 생각하는 것이 있으면, 모든 의식이 여기에 집중되고, 이를 바꾸려는 창조력이 작동하기 시작한다. 그렇게 해서 열심히 노력하고 극복하는 동안 일반인의 능력을 훨씬 능가함과 동시에 엄청난 영역에 도달하게 된다.

그 대표적인 인물로 스피드 스케이트 선수 시미즈 스게야스가 있다. 그는 동계올림픽에서 금메달을 획득할 만큼 뛰어난 신체 능력의 소유자로 근육 하나하나를 잘 알고 이를 제어하는 능력을 갖추고 있었다. 하지만 그것은 타고난 것이 아닌 어린 시절부터 앓아온 천식 때문이었다.

소아 천식 때문에 그는 항상 몸 상태에 관해 세심한 주의를 기울여 왔다. 예컨대, 컨디션이 좋지 않으면 몸 구석구석까지 신경을 집중해서 조절하는 노하우를 스스로 익혔고, 이는 올림픽 금메달 획득이라는 놀라운 결과로 이어졌다.

　이런 그의 이야기는 매우 의미심장하다. 약점을 뇌가 명확히 의식할 수 있다는 점에서 오히려 기회라고 할 수 있기 때문이다.

　학생이건, 사회인이건 간에 자기에게는 그다지 능력이 없다거나, 일을 매끄럽게 처리하지 못하는 사람이라면 약점을 확실히 찾아 이를 의식하는 것이 좋다. 위축되었을 때는 모든 것이 희미해져서 뇌가 정확한 움직임을 의식하지 못하기 때문이다. 약점이 명확히 파악되면 극복해야 할 대상이 보이고, 그렇게 되면 뇌는 스스로 창의력을 발휘하게 된다. 커뮤니케이션이 부족하거나, 영어가 서툴러 일이 제대로 진행되지 않는 등 '이게 바로 약점이다'라며 자기 자신에게 명확히 인식시키는 것이다. 인간의 뇌는 따분함을 싫어하므로 자연히 이를 극복하려고 노력하게 된다.

　나는 TV 상담 프로를 통해 많은 선행을 베푼 사람들과 자주 만난다. 그들의 공통점은 '사람들을 위해, 사회를 위해!'라는 높은 윤리관을 갖고 있다는 것이다. 또한, 그것을 달성할 때 수많은 어려움과 장애물을 만나지만, 그 중압감이 클수록 자신이 가진 저력을 더욱 발휘한다는 것이다.

　장애물, 즉 그 시점의 약점을 명확히 알면 뇌는 정말이지 열심히 작동하게 된다. 만일 자신이 위축되어 있다면 그 약점을 뇌에 전달하라. 그러면 분명 도움을 받을 수 있을 것이다.

모기 박사가 주장하는 메시지를 한마디로 요약하면 다음과 같다.
'자신의 약점을 명확히 인식하라. 그러면 뇌는 그 약점을 극복하도록

엄청난 도움을 주며, 이를 통해 약점을 극복할 수 있다.'

뇌는 수많은 시행착오를 거치는 동안 별도의 우회로를 만든다. 그 때문에 애당초 뭔가에 서투른 사람 역시 생각지도 못한 흥미로운 결과를 만들 수 있다. 또한, 그 과정을 통해 약점은 강점으로 바뀌게 된다.

약점에서 벗어나는 유일한 방법

약점은 단순한 약점이 아니다. 약점에 관한 명확한 인식 여하에 따라 오히려 약점이 가장 막강한 무기로 거듭날 수도 있기 때문이다.

뭔가를 극복하려고 할 때 최고의 동기부여가 이루어지듯, 평소 자신이 잘하는 분야(강점)에 집중할 때보다 그렇지 않은 분야(약점)를 보완하고 관리할 때 뇌 속의 도파민이 다량으로 분비되면서 학습효과 역시 높아진다. 이에 대해 모기 박사는 이렇게 말한다.

사람과 기업, 지방이 가진 강점의 출발은 그 약점에 있다. 마이너스 100이었던 것이 0이 아닌 플러스 100이 되는 경우도 빈번히 존재한다.

'약점으로부터 무조건 도망가지 마라'는 것이다.

사실 우리는 약점으로부터 절대 도망갈 수 없다. 약점에서 벗어나는 유일한 방법은 그것을 관리하고 보완해서 강점으로 바꾸는 것이다. 그런 점에서 모기 박사의 이야기는 약점이야말로 진화와 발전의 기폭제임을 말해주고 있다.

약점에 숨겨진 아름다움과 위대함

우리가 사는 세상에서 가치 있는 많은 것들은 일방적 우위가 지배하는 충돌 속에서 탄생하곤 한다. 누가 봐도 압도적으로 불리한 상황에 결연히 맞서는 행동이 위대함과 아름다움을 만들어내는 것이다. 하지만 우리는 이런 충돌과 승패의 메커니즘을 종종 잘못 읽을뿐더러 잘못 해석한다. 골리앗을 천하무적으로 보이게 했던 강점이 사실은 치명적인 약점의 원천이 될 수도 있음을 애써 무시하는 것이다.

1860년대 파리가 세계 예술과 교양의 중심이었던 시기, 그 한가운데에 살롱이 있었다. 유럽을 통틀어 모든 화가가 선망하는 최고의 예술 전람회였다. 전통적 질서의 대변자이기도 했다. 수상작들은 대부분 프랑스 역사나 신화를 거대한 스케일로 세밀하게 재현했다.

하지만 그 중심에서 떨어진 외진 곳에 춥고 가난한 한 무리의 예술가들이 있었다. 이들은 주류로부터 홀대받았지만, 자부심으로 가득했다. 그들의 관심사는 거대한 서사가 아닌 소소한 일상과 풍경으로, 캔버스에는 수많은 붓질이 묻어났고 형체는 흐릿했다. 그러나 모범답안에서 벗어난 이들의 그림은 살롱에서 외면받기 일쑤였다.

하지만 그들은 전혀 아랑곳하지 않았다. 아니, 그래서 더 자유로웠다. 자기들끼리 협동조합을 결성하고 독자적인 전시회도 열었다. '주류 따위의' 여론에는 전혀 신경 쓰지 않았다.

새로운 미술의 정체성은 그렇게 해서 탄생했다. 그들이 바로 오늘날 저 눈부신 '인상주의' 작가들이며, 변두리 예술가들의 이름은 마네, 모네, 세잔이었다.

— 말콤 글래드웰, 《다윗과 골리앗》에서

• • •

PART 4

약점을 강점으로

피 彼 강 強 자 自 보 保

상 대 가   강 하 면

먼 저   보 완 해 야   한 다

약점을 보완해서 강해진 것이 아니라 스스로 인정했기에 강해진 것이다. 약점은 스스로 인정할 때 보완 및 극복할 수 있다. 그런 점에서 약점을 스스로 극복한 사람은 인생이라는 게임에서 이미 다른 사람보다 한두 발 앞서간다고 할 수 있다.

패자는 항상 일이 잘못되거나 실패했을 때처럼 '최악의 상황'을 시각화하지만, 승자는 항상 일이 잘 진행되거나 성공했을 때처럼 '최고의 상황'을 시각화한다.

___ '최고의 상황을 시각화하라'에서

약점을 강점으로 바꾸는
5단계 노하우

크게 이룬 것은 마치 모자란 듯하지만, 그 쓰임에 있어 낡아 없어지는 법이 없고, 크게 찬 것은 마치 빈 것 같지만, 그 쓰임새는 끝이 없다. 크게 곧은 것은 마치 굽은 것과 같고, 빼어난 솜씨는 마치 서투른 것과 같으며, 빼어난 말씨는 마치 더듬는 것과 같다.

— 노자, 《도덕경》

강점과 약점에 관한 뿌리 깊은 고정관념

"하나만 잘해도 충분히 먹고 살 수 있다."

이와 같은 강점 중시 사고는 개인과 조직의 실패는 물론 몰락의 위험성을 동반한다. 이를 바로 잡을 약점 관리 및 보완이 따르지 않을 경우 균형이 급속히 무너질 수도 있기 때문이다.

이제 강점이 아닌 약점에 초점을 맞추어 균형을 바로 잡아야 한다. 그래야만 개인도, 조직도 더 단단하고 탄탄해질 수 있다.

지금까지 살펴봤듯이, 약점을 관리, 보완해야 할 이유는 분명해졌다.

첫째, 해당 분야의 비범한 일인자를 제외하면 약점으로 인해 촉발되는 다양한 문제를 모두 커버하고 헤쳐 나갈 수 있는 강점의 주인공은 손

꼽을 정도밖에 되지 않는다. 따라서 99%의 제너럴리스트는 약점에 무게 중심을 두고 관리, 보완에 힘써야 한다.

둘째, 특정 분야 혹은 제아무리 시장의 강자라도 그 강점은 절대적 강점이 아닌 사소한 차이에서 발생하는 상대적 강점이 대부분이다. 따라서 거기서 발생하는 경쟁우위 역시 약점의 정도와 관리 여하에 달려있다고 해도 과언이 아니다.

셋째, 개개인의 정신 및 신체, 나아가 조직이건, 사회건 어느 한쪽에 약점과 같은 불균형이 존재하는 한 전체적인 조화와 안정은 위협받을 수밖에 없다. 또한, 제아무리 강점이 탁월한들 심각한 약점이 있다면 운신의 폭 역시 좁아질 수밖에 없다. 숲을 보듯 조화와 균형 감각을 키워야 한다. 그것이야말로 성장과 생존, 나아가 경쟁우위에 서는 지름길이기 때문이다.

문제는 아직도 많은 이들이 이런 주장에 의구심을 품은 채 고객을 갸웃거린다는 것이다. 이는 강점과 약점에 관한 다음과 같은 고정관념 때문이다.

- 강점을 키우기도 바쁜데 약점 보완에 치중하느라 금쪽같은 시간과 에너지를 낭비할 수 없다.
- 약점을 보완해도 반드시 탁월한 수준에 도달할 수 있는 것은 아니다.
- 사람은 오직 강점을 통해서만 능력을 발휘할 수 있다.

이런 논리를 추종하는 사람들의 뇌리에는 강점과 약점을 바라보는 '지렛대 원리'가 숨어 있다. 약점에 초점을 맞춰 관리하고 보완하면 조화와 균형은 달성될지 모르지만, 강점이 방치되고 무뎌져 '제로섬 게임zero-sum game'이 연출된다는 논리가 바로 그것이다. 즉, 다음 그림처럼 약점 관리와 보완에 치중하다 보면 강점 역시 도태한다는 것이다.

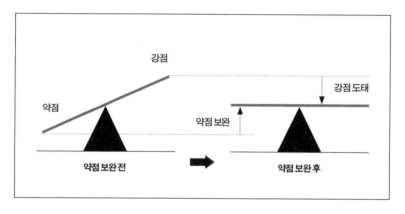

• 강점과 약점은 제로섬 게임? •

만일 위 그림처럼 약점을 극복하는 동안 강점 역시 도태한다면, 약점에 초점을 맞춰 그것을 보완하고 극복해야 할 이유가 전혀 없다. 또한, 그게 사실이라면 앞서가는 사람의 뒷덜미를 낚아채는 '하향 평준화'와도 별반 다르지 않다. 하지만 그건 괜한 걱정에 불과하다. 그런 생각은 약점을 무시하고 강점에 집착하는 사람들의 지나친 상상에 지나지 않기 때문이다.

개인과 조직은 늘 꿈틀거리며 비상을 꿈꾸는 생물과도 같다. 생물은 끊임없이 성장하며, 변화하고, 진화한다. 거기에 애당초 정해진 한계치란 존재하지 않는다. '약점 보완=강점 도태'라는 제로섬 게임으로 절대 끝나지 않는다는 말이다.

다음 그림을 보자. 약점을 극복해서 조화와 균형을 달성하는 동안 지렛대 받침 역시 함께 커지고 있음을 알 수 있다.

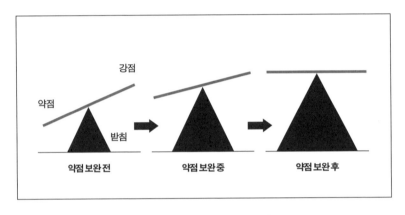

• 약점 보완과 잠재력의 상관관계 •

결국, 지렛대 받침 수준만큼 높은 조화와 균형이 달성될 뿐만 아니라 개인과 조직의 잠재력 역시 한층 업그레이드되었음을 알 수 있다. 이는 지렛대 받침 역할을 하는 개인 및 조직의 잠재력 때문이다. 이것이 바로 우리가 꿈꿔온 진정한 지렛대 원리다.

약점 극복 5단계 프로세스

이제 약점 극복 노하우에 관해 이야기할 차례다. 미래의 나는 지금 내가 어떤 상황에 놓여있는가가 아닌 지금 무엇을 열심히 추구하느냐에 달려 있다. 그런 점에서 약점은 양날의 칼과도 같다.

약점을 극복하려면 체계적이고 객관적으로 그것을 바라봐야 한다.

다음 제시한 약점 극복 5단계 프로세스를 보자. 하나씩 순차적으로 습득하면 누구나, 어떤 조직이나 조화와 균형을 이룬 개인 및 조직으로 거듭날 수 있다.

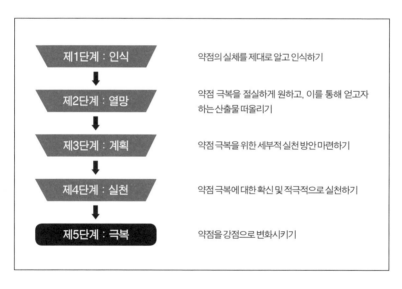

● 약점 극복 5단계 프로세스 ●

- "하나만 잘해도 충분히 먹고 산다"라는 강점 중시 사고는 개인 및 조직의 실패는 물론 몰락의 위험성을 동반하다.

- 인간과 조직은 살아 있는 생물과도 같다. 따라서 얼마든지 성장과 변화, 진화가 가능하며, 한계란 존재하지 않는다.

- 미래의 나는 지금 내가 어떤 상황에 놓여있느냐가 아닌 지금 무엇을 열심히 추구하느냐에 달려있다. 그런 점에서 약점은 양날의 칼과도 같다.

스스로 인정해야만 강해질 수 있다

인간은 고상한 품격을 갖고 신과 같은 지성으로 태양계의 움직임과 구성을 간파하였음에도 불구하고, 그 몸속에는 아직도 지울 수 없는 미천한 근본의 흔적을 지니고 있다.
— 찰스 다윈

약점 극복의 첫걸음, 실체 인정하기

"Know thyself."

그리스 델피[Delphi]에 있는 아폴로 신전 입구에 새겨진 고대 그리스 격언으로 '너 자신을 알라'는 뜻이다. 'thyself'는 'yourself'의 고어다. 그렇다면 여기서 얘기하는 '너 자신을 알라'는 과연 어떤 의미일까.

많은 사람이 '인간의 이해'라는 큰 이상을 제기한 것쯤으로 해석하고 받아들이지만, 그건 오해다. '얼마나 자신을 자각하고 억제하며 관리 가능한지 정확히 알라'는 깊은 뜻을 담고 있기 때문이다.

자신을 정확히 자각한다면, 자신의 약점 역시 자연스럽게 드러나게 마련이다. 마찬가지로 약점 극복의 첫걸음은 그 실체를 자각하고 100%

인정하는 데서 시작된다. 이를 부정하면 위선적이고 위축된 삶을 살 가능성이 높다. 약점을 가리고 감출 수는 있을지언정, 그것을 덧칠할 무거운 가면은 영원히 벗을 수는 없기 때문이다. 또한, 벗을 수 없는 것을 무리하게 벗으려고 하다 보면 삶이 점점 힘들어진다.

지진이나 쓰나미, 9·11테러 같은 재난을 통해 알 수 있듯 단 몇 초 동안의 판단과 선택이 생사를 규정한다. 한시라도 빨리 정신적인 공황에서 깨어나 합리적인 행동을 취한 사람만이 살아남았다. 그들은 눈앞에 닥친 위험을 인정하고 즉시 적극적으로 대처했다.

누구 하나 약점에 힘겹지 않은 사람은 없다. 하지만 어떤 사람은 무척 강해보이는 반면, 어떤 사람은 세상 모든 번뇌를 짊어진 것처럼 유약해보인다. 약점을 보완해서 강해진 것이 아니라 스스로 인정했기에 강해진 것이다. 약점은 스스로 인정할 때 보완 및 극복할 수 있다.

두려움의 정체를 알면 더는 두렵지 않다

자신의 약점을 '꿈의 노트'에 적어보자. 노트에 기록하고 남기기 전까지는 그 어떤 훌륭한 의도도 토양 없는 곳에 뿌려진 비싼 씨앗에 지나지 않는다. 남들이 봤을 때 객관적으로 인정하는 약점이 아닌 자신이 평소 약점이라고 생각하는 것을 기록해야 한다. 그 수에 제한은 없으며, 왜 그것을 약점이라고 생각했는지 그 이유를 함께 적으면 유효한 해결책을 얻는 데 도움이 된다.

- 영어 회화 실력이 부족하다.

  — 외국인 앞에 서면 머리가 백지상태가 되면서 아무 생각이 안 든다.

- 논리적 표현력이 떨어진다.

  — 어떤 주장을 할 때면 앞뒤 논리가 맞지 않는다는 생각이 든다.

- 표정이 너무 차갑다.

  — 모임이나 만남에서 사람들에게 좋은 인상을 심어주지 못하는 것 같다.

- 우유부단하다.

  — 귀가 얇다. 결정을 내린 후에도 여전히 망설이고 후회한다.

- 피부가 까맣다.

  — 별명이 '시커먼스'였다. 그래서인지 피부가 하얀 사람을 보면 주눅이 든다.

- 머리숱이 적다.

  — 대학 시절부터 탈모가 심했는데, 요즘 들어 여성들의 시선이 더 예사롭지 않다.

- 또래와 비교해서 키가 작다.

  — 키 때문에 어린 시절부터 많은 놀림을 당했다. 사람들이 우습게 보는 것 같다.

흘러간 과거사를 두고 후회하거나 회한을 읊조린들 바뀌는 건 아무것도 없다. 또한, 약점으로 인한 열등감에 빠져 허우적댄들 누구도 돕지 않는다. 모든 것을 겸허하게 받아들여야 한다. 두려움의 정체를 알면 더는 두렵지 않기 때문이다. 단, 약점의 실체를 인정하면서 달면 삼키고 쓰면 뱉는 '감탄고토甘呑苦吐'의 자세는 최악이다. 현실을 냉정하고 흔쾌히 인정하는 자세야말로 약점을 강점으로 바꾸는 지름길이다.

- 자신을 정확히 자각할 수 있다면 약점 역시 자연스럽게 드러나게 마련이다.

- 약점을 보완해서 강해진 것이 아니라 스스로 인정했기에 강해진 것이다. 약점은 스스로 인정해야만 보완 및 극복할 수 있다.

- 약점의 실체를 인정하면서 달면 삼키고 쓰면 뱉는 '감탄고토'의 자세는 최악이다. 현실을 냉정하고 흔쾌히 인정하는 자세야말로 약점을 강점으로 바꾸는 지름길이다.

최고의 상황을 시각화하라

사람은 누구나 어떤 사업이나 목적에 대한 열정과 희망을 품고 있다. 그 열정과 희망이 깨어졌을 때 사람은 불행에 빠진다. 당신의 희망과 열정을 파괴하는 망치는 바로 그릇된 세계관과 인생관 속에 있다. 그릇된 도덕관, 그릇된 습관에서 그 원인을 깨달아야 한다.

___ 버트런드 러셀

모든 약점은 상대적, 발상을 전환하라

이제 두 번째 계단에 발을 내디딜 차례다. 그에 앞서 '약점과 그 이유'에 관해 객관적인 평가 및 진단을 해보자. 과연 그것이 진정 자타가 인정하는 약점인지 아니면 지나친 열등감이나 망상 같은 주관적 판단에서 비롯된 것인지 명확히 가려내는 것이다. 막연히 '영어 회화 실력이 부족하다'는 것을 약점으로 규정하는 대신 어떤 기준에서 그것이 약점인지 정확히 진단하는 것이다.

이는 주변 사람들의 의견 청취 및 데이터 비교 등과 같은 객관적인 자료를 통해서도 가능하지만, 자신의 미래 목표(꿈)에 비추어 판단하는 것이 가장 빠르고 정확하다. 약점의 상대성 때문이다. 예컨대, '표정이 너무 차갑다'라는 약점은 주위 의견에 쉽사리 휘둘리지 않는 과묵하고 냉철한 판단력의 소유자라는 평가로 바뀔 수 있다. 마찬가지로 자신은 우유부단하다고 생각했지만, 실제로는 친절하고 인간미 넘치는 사람으로 평가받을 수도 있다.

그에 반해 '머리숱이 적은 것'은 위의 정신적 영역과는 달리 신체적인 영역에 해당한다. 대머리는 중년을 상징한다. 그 때문에 젊은 사람에게 탈모는 남모를 고민이자, 공포에 가깝다. 그런 점에서 대머리는 분명 '약점'으로 비칠 수도 있다. 하지만 그렇다고 해서 언제까지 자괴감에 빠져 맛없는 커피나 마시며 인생을 허비할 수는 없다.

뮤지컬 영화 〈왕과 나〉하면 딱 떠오르는 것이 있다. 바로 강렬한 눈빛의 주인공 율 브리너다. 그는 비록 대머리였지만, 카리스마가 넘치는 남성적인 매력이 가득했다.

따지고 보면 대머리가 패기 넘치고 정열적인 이미지는 심어줄지언정 불편한 것은 거의 없다. 머리 감기도 쉬울뿐더러 활동하는데도 편리하며 이발 비용도 전혀 들지 않기 때문이다. 속설이긴 하지만, 정력이 강하다는 말도 있다. 또한, '대머리'를 뜻하는 영어단어 'egghead'는 '지성인', '지식인'이라는 의미가 있다. 그래서인지 소크라테스와 다윈, 처칠은 물론 스포츠 스타 마이클 조던, 지네딘 지단, 영화배우 브루스 윌리스, 빈 디젤, 숀 코너리 등도 모두 대머리다. 그만큼 대머리는 시원함을 넘어 동경의 대상이이 되기도 한다.

그뿐만이 아니다. 미국 심리학자 프랭크 무스카렐라라^{Frank Muscarelh}는 "대머리는 유전적으로 우성이며 사회적 지위가 높고, 정직하다는 인상을 준다"라며 대머리를 옹호한 바 있다. 따라서 대머리라는 약점 역시 자신만의 개성으로 살리는 것이 옳다.

'키가 작다'는 것 또한 신체적인 영역에 해당한다. 사실 남자들은 키가 작다고 놀리는 것을 제일 싫어한다. 대머리야 가발이나 모발이식도 있고, 얼굴이 못생기면 성형수술, 뚱뚱하면 어떻게서든 살을 빼면 되지만, 키는 뾰족한 대안이 없기 때문이다.

피할 수 없으면 즐기라고 했듯, 이제 발상을 바꿔야 한다. 나이가 숫자에 불과하듯 따지고 보면 키 또한 숫자에 지나지 않는다. 숫자라는 잣대에 일희일비하기보다는 전체적인 몸의 균형에 신경을 쓰는 편이 더 현명하지 않을까.

대한민국 최초의 프리미어리거 박지성도 축구선수치고 키가 작다. 유럽을 쇄신한 정복자 나폴레옹은 두말할 것도 없고, 오척 단신의 거인 덩샤오핑 역시 키가 작았다. 전직 대통령이나 국무총리 가운데도 키 작은 사람이 유독 많다.

"시덥지않은 위로 그만하라!"고 항변할지도 모른다. 하지만 키가 작다고 인생의 꿈마저 작아서야 하겠는가. 매사 물 잔 속의 빈 절반만 볼 것인지, 아니면 채워진 절반을 볼 것인지는 오로지 우리 자신에게 달려 있다. 우리 앞길을 가로막는 것은 우리가 가진 콤플렉스와 부정적 사고뿐이기 때문이다.

성공했을 때의 최고 상황을 시각화하라

위와 같은 과정을 통해 자신이 가진 약점의 실체를 명확히 규정했다면, 이번에는 어떻게 해서든 그것을 극복하고야 말겠다는 간절한 열망이 필요하다. 열망은 영감이 되고, 영감은 현실이 된다.

미국 시인 에밀리 디킨슨^{Emily Dickinson}의 시 〈성공은 한 번도 성공 못 한 자가〉를 보면 다음과 같은 구절이 있다.

성공은 한 번도 성공하지 못한 자가 가장 달콤하게 여긴다.
기막힌 술맛을 알려면, 가장 절실한 요구가 필요하다.

최고의 술 역시 그것을 원하지 않는 사람에게는 아무런 의미와 가치가 없다는 뜻이다.

마찬가지로 약점을 훌훌 털어내고자 하는 절실한 열망이 있어야 한다. 강물이 그 시작점보다 더 높이 흐를 수는 없는 법이다. 더불어 자신이 얻고자 하는 '결과물'이 무엇인지 분명히 떠올려야 한다. 대안은 절실함의 크기만큼 쟁취할 수 있기 때문이다.

인류가 하늘을 날 수 있었던 것은 절대 우연의 산물이 아니다. 하늘을 날아오르겠다는 간절한 바람과 명확한 목표가 있었기에 가능했다. 중요한 것은 그런 목표일수록 "멋진 인생이 펼쳐진다"라거나 "잘 풀릴 거야"라는 말처럼 막연한 기대감이 아닌 마치 눈 앞에 펼쳐지듯 구체적이고 긍정적으로 표현해야 한다는 것이다. 예컨대, '영어 회화 실력이 부족하다'는 것이 객관적인 약점이라고 생각했다면, 그 실력을 향상했을 때 얻을 수 있는 결과물을 육하원칙에 근거해 구체적으로 그리는 것이다.

2021년 8월 9일 월요일 오전 10시.

각 부서 팀장들을 대상으로 회의가 소집되었다. 회의실 정면에 설치된 스크린에 주말 동안 작성한 영문 PPT를 띄운 후 '유창한 영어'로 연말에 미국과 일본 시장에 선보일 신제품 '진입 전략'에 관해 열변을 토한다.

잠시 후 내 계획에 대한 참석자들의 지적과 질문 역시 모두 '영어'로 쏟아지고, 나는 구체적인 통계와 설득력 있는 논리를 제시해가며 그들의 질문에 답변한다.

장장 두 시간에 걸친 회의가 마침내 힘찬 박수와 함께 마무리된다. 긴장한 탓에 이마에 땀이 송골송골 맺혀있다. 그런 내게 영국 출신 마케팅 담당 이사가 다가와 "굿 아이디어!"라며 악수를 청한다. 그리고 함께 식당으로 향한다.

패자는 항상 일이 잘못되거나 실패했을 때처럼 '최악의 상황'을 시각화하지만, 승자는 항상 일이 잘 진행되거나 성공했을 때처럼 '최고의 상황'을 시각화한다.

거듭 말하지만, 약점 극복을 통해 자신이 손에 쥘 최고의 결과물을 될 수 있는 한 구체적으로 떠올리고 적극적으로 표현하라. 그때부터 뇌는 그 이미지를 현실화하기 위해 최선을 다하게 된다.

우리 뇌에는 약 1,400억 개의 세포가 있지만 평생 3%밖에 사용하지 못한다고 한다. 그렇다면 부정적이고 소극적인 자세 때문에 나머지

97%의 뇌세포가 억울하게 묻히는 일만은 적어도 막아야 하지 않을까. 이는 뇌세포의 주인으로서 우리에게 부여된 의무이자 엄중한 책임이기도 하다.

MAIN POINT CHECK

■ 매사 물 잔 속의 빈 절반만 볼 것인지, 아니면 채워진 절반을 볼 것인지는 오로지 우리 자신에게 달려있다. 마찬가지로 우리 앞길을 가로막는 것이 있다면 그건 바로 우리가 가진 콤플렉스와 부정적 사고뿐이다.

■ 오늘날 인류가 하늘을 날 수 있었던 것은 절대 우연의 산물이 아니다. 높은 창공을 날아오르겠다는 간절한 바람과 명확한 목표가 있었기에 가능했다.

■ 패자는 항상 잘못되거나 실패했을 때처럼 최악의 상황을 시각화하는 반면, 승자는 항상 일이 잘 진행되거나 성공했을 때처럼 최고의 상황을 시각화한다.

명확한 목표가 지닌 놀라운 힘

계획이란 미래에 관한 현재의 결정이다.

— 피터 드러커

목표와 기한을 반드시 설정하라

앞서 자신이 얻고자 하는 것을 구체적으로 그려보았다. 이제 그것을 토대로 구체적인 청사진을 만들 차례다. 이는 목적지에 도달하기 위해 시간표를 짜는 일과도 같다. 중요한 것은 언제까지 이를 실천하겠다는 기한을 반드시 설정해야 한다는 것이다.

자신이 가진 힘을 충분히 발휘할 수 있을지의 여부는 목표를 어떻게 설정하느냐에 달려있다. 물은 배를 띄울 수도 뒤집을 수도 있다. 배는 당신의 약점이며, 물은 당신의 목표다.

미국 예일대학 졸업생들을 대상으로 이뤄진 조사에서도 목표의 중요성을 엿볼 수 있다. 졸업생에게 다음과 같은 공통된 질문을 던졌다.

당신은 뚜렷하고 구체적인 인생 목표 및 그 목표를 달성하기 위한 계획을 어딘가에 기록해두었습니까?

유감스럽게도 '그렇다'라고 대답한 사람은 불과 3%밖에 되지 않았다. 그리고 20년이 흘렀다. 그들이 어떤 삶을 살고 있는지 궁금했던 조사원은 다시 그들을 찾아서 면접조사를 했는데, 그 결과는 놀라웠다. 졸업 당시 뚜렷한 목표를 기록해두었던 3% 사람들의 연간 수입이 나머지 97% 사람들 것을 모두 합친 것보다 높았기 때문이다. 그뿐만 아니라 행복지수나 삶의 충실함처럼 숫자로 표현하기 어려운 주관적인 기준에서도 목표를 분명히 설정했던 3%가 훨씬 앞섰다. 나머지 97%는 하루하루를 사는 데 급급한 나머지 별다른 계획 없이 인생을 허비하고 있을 뿐이었다.

이렇듯 구체적인 인생 목표와 그 기한을 설정한 사람과 그렇지 못한 사람의 차이는 매우 크다.

또 다른 사례가 있다. 한 부대에서 완전 무장한 병사들을 네 팀으로 나누어 20km를 행군한 후 어떤 팀이 가장 빨리 도착하는지 실험했다. 각각 상황만 달리했을 뿐, 목표 지점은 똑같았다. 과연. 어떤 결과가 나왔을까.

A팀 성적이 가장 좋았고, C팀, D팀, B팀 순으로 목표 지점에 도착했다. 같은 부대에 근무하는 같은 조건의 병사라는 능력의 차이가 거의 없는데도 이런 결과의 차이가 존재했다. 그렇다면 A팀이 가장 먼저 목

- A팀 : 행군 도중 15km, 10km, 5km가 남았음을 정확히 알려주었다.

- B팀 : 목표를 전혀 알려주지 않고 행군만 시켰다.

- C팀 : 목표를 15km라고 한 후 5km 남은 지점에서 20km라고 알려주었다.

- D팀 : 목표를 25km라고 한 후 11km 남은 지점에서 6km밖에 남지 않았다고 알려주었다.

표 지점에 도착한 비결은 뭘까.

그 이유는 바로 A팀 병사들은 뚜렷한 목표를 제대로 인식하고 있었기 때문이다.

계획표 작성 시 주의할 점

위 두 이야기는 확실하고 구체적인 목표 설정이 우리 삶에 얼마나 큰 영향을 미치는지 말해주고 있다. 약점 보완과 극복 역시 마찬가지다. '논리적 표현력 부족'을 약점으로 규정하고, 이를 극복했을 때 얻게 될 결과물을 목표료 설정했다면, 이제 그것을 극복할 구체적인 계획표를 만들어야 한다.

계획표에는 구체적인 실천 분량과 기간을 가급적 자세히 기재하는 것이 좋다. 또한, 단발성이 아닌 계속해서 확인하고, 필요하다면 어느 때건 망설이지 않고 수정해야 한다. 이런 눈물겨운 노력도 없이 공짜 치즈만

피강자보(彼强自保), 상대가 강하면 먼저 보완해야 한다

삼킬 안일한 생각은 버려라. 공짜 치즈는 덫에만 놓여 있을 뿐이다.

다음 계획표를 보자.

항 목	투자시간	실천 내용
독 서	60권(6개월)	3일에 한 권씩 관련 서적 60권을 탐독한다. 다양한 영역에 걸쳐 600권이면 더욱 좋다. 유익한 표현과 후기는 별도로 기록한다.
학 원	2개월(3월~4월)	두 달 동안 스피치 학원에 등록한다. 시간이 충분하지 않으면 TV·유튜브 등의 전문가 토론을 빼놓지 않고 시청하며, 말과 몸짓을 따라 한다.
신 문	매 일	신문을 정기 구독해 꼼꼼히 읽되, 특정 기사만 가려서 읽지 않는다. 이를 통해 사건 사고는 물론 경제·사회·문화·국제 정세 등의 흐름을 파악한다. 트렌드와 실제 사례를 많이 알수록 논리적 표현 능력을 키우는 데 큰 도움이 된다.
토 론	주 1회	일주일에 한 번씩 특정 주제를 갖고 인터넷 토론방에 자신의 의견을 올린 후 댓글을 꼼꼼히 점검해 맹점을 파악한다. 글이 되면 말도 된다.
총 무	6개월	자주 열리는 모임(사내 혹은 외부)이나 단체의 총무를 맡는다. 강제적이라도 자신을 사람들 앞에 서게 하는 것이다. 시간은 빼앗기겠지만, 그만큼 효과는 탁월하다.
명 언	2개월(5월~6월)	현자들의 명언(조언)을 찾아서 성공·행복·사랑·부·일 등으로 분류한 후 카테고리별로 10개를 선정, 매일 두 개씩 외워 대화 중에 자연스럽게 활용한다. 두 달이면 100개가 넘는 명언을 외울 수 있다.
행 동	매 일	자신감 넘치는 사람처럼 행동한다. 모든 표현의 시작은 자신감에서 시작해서 자신감으로 끝난다. 처음부터 자신감을 잃으면 논리적 표현은 절대 불가능하다.

● **실천계획표(2019년 1월 1일~6월 30일)** ●

■ 자신이 가진 힘을 충분히 발휘할 수 있을지의 여부는 목표를 어떻게 설정하느냐에 달려있다. 물은 배를 띄울 수도 뒤집을 수도 있다. 배는 당신의 약점이며, 물은 당신의 목표다.

■ 계획표에는 구체적인 실천 내용과 기간을 기재하는 것이 좋다. 또한, 단발성이 아닌 끊임없이 점검하고, 필요하다면 어느 때건 망설이지 않고 수정해야 한다.

■ 눈물겨운 노력도 없이 공짜 치즈만 삼킬 안일한 생각은 버려라. 공짜 치즈는 덫에만 놓여 있을 뿐이다. 그런 점에서 약점은 양날의 칼과도 같다.

자기 확신을 갖고 즉시 실천하라

실패한 고통보다 최선을 다하지 못했음을 깨닫는 것이 몇 배 더 고통스럽다.

___ 앤드루 매슈스

세상에서 가장 큰 가르침, 행동

이제 계획을 실천에 옮길 차례다. 여기에는 확고한 신념이 필요하다. 약점은 정원이며, 신념은 정원사다. 약점 극복이 조금이라도 불가능하다고 생각하면 그것으로부터 절대 자유로울 수 없다. 반드시 극복하겠다는 확신을 가져야 한다. 더는 나빠질 게 없다는 역설적 긍정 역시 자기 확신에 도움을 준다.

100% 확신 없는 행동이라면 차라리 빨리 접는 편이 낫다. 확신에 있어 99%와 0%는 똑같기 때문이다. 물이 끓어서 수증기가 되려면 100도가 넘는 열이 필요하다. 하지만 끓는점에 도달하지 못했다면 70도건, 99도건 마찬가지다.

길고 긴 암흑에 가려 희망의 빛이 시들지라도, 나는 할 수 있다.

불가능하다는 목소리가 생생하게 귓전을 때릴지라도, 나는 할 수 있다.

모든 상황이 불리하고 불투명하며 우울할지라도, 나는 할 수 있다.

세상 그 무엇이 나를 절망하게 하거나 패배의 늪으로 몰아갈지라도,
나는 할 수 있다.

이런 참담하고 암울한 순간에도, 나는 확신한다.

나는 분명 약점을 뛰어넘을 수 있다고.

약점에서 비롯된 두려움은 자기 확신의 가장 큰 장애물이다. 막무가내 내 인생이 아닌 한 누구도 두려움에서 벗어날 수 없기 때문이다. 하지만한 가지 명심해야 할 게 있다. 미래는 자신의 꿈을 확신하는 사람들 것이라는 걸.

행동하지 않으면 성과도 없다

약점 극복에 관한 확신이 섰다면 이제 행동으로 보여줘야 한다.

'공행공반空行空返'이라는 말이 있다. '행하지 않으면 자기에게 돌아오는 이득도 없다'라는 말이다. 세상에서 가장 큰 가르침은 행동이다. 제아무리 100% 확신해도 행동이 따르지 않으면 상상에 지나지 않기 때문이다. 단, 하지 않으면 안 된다는 압박감에 억지로 해서는 안 된다. 발전된 자신의 모습을 그리며 즐거운 마음으로 움직여야 한다.

문제는 그 과정에서 시간 부족 및 능력 문제, 여건(환경) 등과 같은 미처 생각하지 못했던 장벽과 부딪힐 수 있다는 점이다. 그때는 자신의 역량으로 그것을 뛰어넘는 게 가장 좋지만, 그게 여의치 않다면 머뭇거리지 말고 주변에 도움을 요청해야 한다.

자기 약점 극복을 꿈꾸고 실천할 시간적 여유나 능력이 없다고 얘기하는 사람은, 조만간 그 약점에 쫓기느라 인생을 허비할 것이 틀림없다. 그러니 어떤 일이 있어도 실천하는 도중에 절대 포기해서는 안 된다. 가장 큰 성과는 마지막 순간에 오는 법이다.

모든 인간은 스스로 약점을 극복할 힘을 갖고 있다. 실천력에 창의적이고 긍정적 사고만 갖춘다면 반드시 해답을 끌어낼 수 있다.

☞ **MAIN POINT CHECK**

- 자기 스스로 약점을 보완하고 극복하겠다는 확고한 신념을 가져야 한다. 약점은 정원이며, 신념은 정원사와도 같다.
- 확신에 있어 99%와 0%는 똑같다. 물이 끓어서 수증기가 되려면 100도가 넘는 열이 필요하지만, 끓는점에 도달하지 못했다면 70도건, 99도건 마찬가지이기 때문이다.
- 실천력에 창의적이고 긍정적 사고만 있다면 반드시 해답을 끌어낼 수 있다.

생각을 바꾸는 순간, 약점은 강점이 된다

세상은 약하지만, 강한 것을 두렵게 하는 것이 있다. 첫째, 모기는 사자에게 두려움을 준다. 둘째, 거머리는 물소에게 두려움을 준다. 셋째, 파리는 전갈에게 두려움을 준다. 넷째, 거미는 매에게 두려움을 준다. 아무리 크고 힘이 강해도 반드시 무서운 존재라고는 할 수 없다. 반면, 아무리 힘이 약해도 어떤 조건만 갖추고 있다면 얼마든지 강한 자를 이길 수 있다.

__《탈무드》

약점을 극복을 통해 새로운 강점을 발견하라

이제 약점을 강점으로 변화시키는 마지막 단계다. 약점 때문에 허튼 열등감에 빠져 허우적거릴 단계는 이미 넘어섰다.

미국 세일즈계의 전설로 불리는 엘머 레터맨Elmer G. Letterman은 이렇게 얘기한 바 있다.

"세일즈는 거절당한 때부터 시작된다."

인간의 위대함은 치명적 약점을 극복한 지점에서 시작된다. 어쩌면 약점을 극복하는 데 있어 상상 이상의 많은 피와 땀이 필요할지도 모른다. 그런 점에서 약점을 극복한 사람은 이미 승자요, 강자라고 할 수 있다.

때로는 자신의 약점을 극복하는 과정에서 숨겨진 재능과 잠재력을 깨우치기도 한다. 약점 극복을 통해 새로운 강점을 발견하는 것이다.

미국 역사상 가장 젊은 대통령인 존 F. 케네디[John F. Kennedy]와 버락 오바마[Barack Obama]. 케네디는 44살에, 오바마는 47살에 각각 대통령이 되었다. 정치에서 젊다는 건 경륜 및 지혜의 부족과 연관 지을 수 있었다. 그 때문에 선거운동 당시 두 사람의 경쟁 후보들은 그 점을 집요하리만큼 공격했다. 애송이에게 미국과 백악관을 맡길 수 없다는 것이었다. 그러나 두 사람은 온 힘을 다해 그들에게 맞섰고 당당히 승리했다. 경험 부족이라는 약점을 열정이라는 강점으로 변화시킨 것이다.

한국 테니스 사상 최초로 메이저 대회 4강에 오른 정현. 그에게는 치명적 약점이 하나 있다. 어린 시절 약시 판정을 받아 지금도 교정시력이 0.6 정도에 불과하다는 것이다. 시속 200Km를 오가는 엄청난 속도의 공을 받아쳐야 하는 테니스 선수에게는 치명적 약점임이 분명하다. 하지만 그는 어렸을 때부터 사물을 볼 때 다른 사람보다 훨씬 더 집중하는 연습을 통해 '움직이는 물체를 정확하고 빠르게 인지하는 능력(동체시력)'이 유난히 발달하게 되었다.

이렇듯 생각을 바꾸면 약점은 큰 강점이 된다. 누구보다도 자신의 약점은 자신이 가장 잘 알고 있기에 사전에 충분히 보완하고 개선할 수 있기 때문이다. 하지만 경쟁자는 그것을 모른 채 계속해서 약점만 공격한다. 이미 그것이 강점으로 바뀌었는데도 말이다.

약점이 삶을 좀먹게 하지 마라

J라는 친구가 있다. 그는 시골에서 고등학교 졸업 후 곧장 서울에 올

라와 자리를 잡았다. 그때만 해도 그를 아는 사람들은 그가 서울사람이 될 줄 알았다. 하지만 그건 착각에 불과했다. 한곳에 오래 버티지 못한 채 이곳저곳 옮겨 다니길 십여 차례. 급기야 몇 년 동안 잠수까지 하더니 갑자기 귀향했기 때문이다.

통념상 시골에 살다 보면 접할 수 있는 정보가 한정되기 마련이다. 그런데도 가끔 그 친구를 만나 얘기를 나누다 보면 전혀 시골에 사는 느낌이 들지 않는다. 그만큼 세상 돌아가는 소식에 밝다. 그 비결이 궁금해서 그에게 물은 적이 있다.

"시골에 있으니까 답답해서 정보를 더 많이 찾게 되더라. 게다가 요즘은 인터넷이 다 연결되어서 도시건 시골이건 별 차이가 없어!"

말인즉슨, 시골이라는 정보 사각지대에 살다 보니(약점) 도시에 살 때보다 더 적극적으로 정보 수집에 몰두(강점)할 수밖에 없다는 것이다. 그러면서 다음과 같은 말을 덧붙였다.

"가방끈이 짧고 말도 어눌하다 보니 거래처나 경쟁자가 나를 별로 의식하지 않아서 장사하는 데 부담도 없고 무척 편하다. 모아둔 재산도 없으니 도둑맞을 걱정도 없고. 하하하."

고만고만한 외모에 가방끈도 길지 않고, 말까지 어눌하다 보니 주위 사람들을 단숨에 무장 해제시킨다는 것이다. 약점이 강점으로 바뀐 셈이다.

자신의 약점

자신의 치부

자신의 불완전함

피강자보(彼强自保), 상대가 강하면 먼저 보완해야 한다

자신의 열악한 환경 따위만을 떠올린다면

조만간 당신은 나락 속으로 빠져들게 분명하다.

자신의 삶을 회고할 때마다

아프거나 회한의 눈물로 뒤범벅된다면

이를 떠올리지 않는 것이 좋다.

후회와 반성은 뼈저리게 하되, 단 한 번이면 충분하다.

더 중대한 일은 보란 듯이 우뚝 일어서는 것이다.

약점 때문에 몇 번이고 좌절할 수밖에 없었다는 '핑계'

약점 때문에 몇 번이고 도전할 수 있었다는 '계기'

때로는 핑계라는 성공의 걸림돌로

때로는 계기라는 성공의 받침돌로

약점은 작용한다.

이 둘의 공통점이라면

모두 약점을 갖고 있다는 것이며

차이점이라면

약점을 털지 못해 핑계 삼으려는 허튼 생각과

강점의 계기로 삼으려는 강렬한 의지,

오로지 그 차이뿐이다.

약점이란 자신이 쌓은 장애물에 넘어진 이는

평생 열등감에 휩싸여 왜곡된 세상을 살아갈 것이고

약점을 홀홀 털어내고 이를 보완하고 극복한 이는

역사의 한 페이지에 감동적으로 기록될 것이다.

둘 중 무엇이 될지는

오로지 당신에게 달려있다.

추운 겨울이 없다면 봄은 싱그러운 계절이 될 수 없다. 마찬가지로 약점이라는 쓰디쓴 약과 재활(보완)의 고통스러운 과정을 거치지 않는다면, 약점 극복의 쾌락은 그만큼 황홀하지 않을 것이다.

약점이 삶을 좀먹거나 마비시키도록 수수방관하지 마라. 약점을 보완하고 개선함으로써 삶을 더욱 건강하게 하고, 숨겨진 가치를 발견해야 한다.

☞ MAIN POINT CHECK

- 인간의 위대함은 치명적인 약점을 극복한 지점에서 시작된다.

- 약점을 극복하는 과정에서 때로는 자신의 재능과 잠재능력을 깨우치기도 한다. 약점 극복을 통해 새로운 강점을 발견하는 것이다.

- 추운 겨울이 없다면 봄은 더는 싱그러운 계절이 될 수 없다. 마찬가지로 약점이라는 쓰디쓴 약과 재활(보완)의 고통스러운 과정을 거치지 않으면, 약점 극복의 쾌락은 그만큼 황홀하지 않을 것이다.

약점을 강점으로,
평범함을 비범함으로

최악의 사태를 받아들인다면 더는 잃을 것이 없다. 이것은 이미 모든 것을 얻었다는 의미다.

— 데일 카네기

평범한 인간을 비범한 인간으로 바꾸는 약점의 힘

● 제1단계 : 약점을 정확히 인식하고 인정하라. 약점을 보완해서 강해진 것이 아니라 스스로 인정했기에 강해진 것이다.

● 제2단계 : 약점 극복을 간절히 원하고, 그것을 통해 얻고자 하는 것을 구체적으로 그린 후 그 이유와 함께 꿈의 노트에 자세히 기록하라.

● 제3단계 : 약점 극복을 위한 구체적인 실천 방안을 마련하라. 언제까지 달성하겠다는 기한 역시 반드시 설정해야 한다.

● 제4단계 : 약점 극복에 있어 100% 확신 없는 행동은 삼가라. 확신에 있어 99%와 0%는 똑같다.

● 제5단계 : 약점을 강점으로 바꿔라. 인간의 위대함은 약점을 극복한 지점에서 시작된다.

위 다섯 단계 과정을 성공적으로 실행한다면 누구나 약점을 극복할 수 있다. 하지만 여전히 의문이 남는다. 재능 및 환경, 성격처럼 정신적·후천적인 약점의 경우 위 다섯 단계를 군이 거치지 않아도 얼마든지 극복할 수 있기 때문이다.

문제는 신체적·선천적 약점이다. 그것은 노력만으로는 극복할 수 없기 때문이다. 그렇다면 어떻게 해결해야 할까. 이에 대한 해답은 선천적·치명적인 약점을 극복하고 화려하게 역사의 한 페이지를 수놓은 사람들로부터 구할 수 있다.

헬렌 켈러는 그의 스승 앤 설리번의 도움을 받아 역사상 가장 훌륭한 여성 중 한 명이 되었다. 선천적인 신체적 약점을 타인의 도움을 받아 정신적으로 보완하고 극복했기 때문이다. 스티븐 호킹 박사나 오프라 윈프리, 마쓰시타 고노스케 역시 마찬가지다. 그들 역시 치명적인 약점이 있었다. 그러나 그들은 약점이 있었음에도 데도 성공한 것이 아니라 그런 약점이 있었기에 성공할 수 있었다고 말한다.

난세가 영웅을 낳고, 위기가 기회와 인재를 키우듯, 약점은 평범한 인간을 비범한 인간으로 변화시킨다.

"약점은 강점이다. 만일 약점으로부터 뭔가를 배울 수만 있다면."

미국 경제잡지 《포브스Forbes》 발행인 말콤 포브스Malcolm Forbes의 말이다.

누구나 약점과 그로 인한 열등감을 극복하고자 노력한다. 하지만 하루 아침에 그것을 해결할 순 없다. 끊임없이 행동하고 실천해야 한다. 그래야만 약점(弱點)이 약점(藥點, 좋은 점)으로, 나아가 약점(躍點, 강점)이 될 수 있다.

이 세상에 약점 없는 사람은 없다. 다만, 화장하듯 감추고 있을 뿐이다. 우리는 약점을 가진 것을 부끄럽게 여기거나 거기에 관해 지나치게 예민하게 반응한다. 그래서 약점을 보상하려고 하거나 숨기려고 한다. 하지만 이는 잘못된 생각이다. 약점을 감추려는 사람은 신뢰가 가지 않거나 어딘가 부자연스럽게 보이기 때문이다.

___ 로버트 그린, 베스트셀러 《권력의 법칙》 저자

참고문헌

- 김광희(2018),《생각은 왜 Yes 아니면 No뿐일까?》, 넥서스BIZ
- 김광희(2018),《누워서 읽는 경영학 원론(전면 개정 2판)》, 내하출판사
- 김광희(2016),《생각 밖으로 나가라》, 넥서스BIZ
- 김광희(2015),《일본의 창의력만 훔쳐라》, 넥서스BIZ
- 김광희(2013),《미친 발상법》, 넥서스BIZ
- 김광희(2012),《당신은 경쟁을 아는가》, 넥서스BIZ
- 김광희(2011),《창의력은 밥이다》, 넥서스BIZ
- 김광희(2010),《창의력에 미쳐라》, 넥서스BIZ
- 김광희(2009),《미니멈의 법칙》, 토네이도
- 김광희(2008),《유쾌한 이야기 경영학》, 내하출판사
- 김광희(2007),《부자들의 경영학 카페》, 국일증권경제연구소
- 김광희(2006),《유쾌한 팝콘 경쟁학》, 국일증권경제연구소
- 김광희(2005),《누워서 읽는 경영학 원론》, 내하출판사
- 김광희(2004),《상식이란 말에 침을 뱉어라(마케팅 입문서)》, 넥서스BIZ
- 김광희(2004),《이수일은 심순애를 어떻게 꼬셨나!(경영학 입문서)》, 넥서스BOOKS
- 김광희(2003),《네 안에 있는 파랑새를 키워라!》, 미래와경영
- 김광희(2003),《경영학을 씹어야 인생이 달콤하다》, 미래와경영
- 짐 랜덜 / 김광희 · 김대한 역(2013),《창의력, 쉽다》, 상상채널

- 엔도 이사오/ 손애심 · 김광희 역(2008), 《끈질긴 경영》, 국일증권경제연구소

- 리차드 뉴튼/ 김세동 역(2016), 《급이 다른 생각》, 시그마북스

- 김종래(2005), 《밀레니엄맨 칭기스칸》, 꿈엔들

- 도널드 클리프턴, 폴라 넬슨/ 홍석표 역(2007), 《강점에 올인하라》, 솔로몬북

- 동리자/김인지 역(2007), 《논어의 인생박물지》, 파라북스

- 레이먼드 헐, 로렌스 피터/ 오은경 역(1986), 《피터의 법칙》, 배영사

- 로버트 S. 캐플런/ 송경근 · 성시중 역(2007), 《가치실현을 위한 통합경영지표 BSC》, 한언

- 마커스 버킹검, 도널드 클리프턴/박정숙 역(2002), 《위대한 나의 발견 강점 혁명》, 청림출판

- 배영기(2006), 《생활풍속에 담긴 우리 문화 125가지》, 국학술정보(주)

- 브라이언 트레이시/ 김동수 역(2008), 《미래를 움직이는 경영전략》, 황금부엉이

- 엘리 골드렛, 제프 콕스/ 강승덕 · 김일운 · 김효 역(2002), 《The Goal》, 동양문고

- 오토다케 히로타다/ 전경빈 역(2001), 《오체불만족》, 창해

- 왕샤오밍/ 개작 박두환(2006), 《98%의 지혜 2%의 잔꾀》, 그리고북

- 이재천(2004), 《의회의 리비히 법칙》, 풀빛

- 梅田望夫/茂木健一郎(2007), 《フューチャリスト宣言》, 筑摩書房

- 그 외 각종 신문(조선일보 · 중앙일보 · 동아일보 · 매일경제 · 한국경제 · 연합뉴스, 아사히(朝日), HUFFPOST 등)

약점을 강점으로 바꾸는 5가지 생각도구

약점 많은 사람이
모두가 부러워하는
사람으로
당당하게 성공하는 법

초판 1쇄 인쇄 2018년 10월 12일
초판 1쇄 발행 2018년 10월 19일

지은이 김광희
발행인 임채성
디자인 김현미

펴낸곳 홍재
주 소 서울시 양천구 목동동로 233-1, 1010호(목동, 현대드림타워)
전 화 070-4121-6304   **팩 스** 02)332 - 6306
메 일 hongjaeeditor@naver.com

출판등록 2017년 10월 30일(신고번호 제 2017 - 000064호)

종이책 ISBN 979-11-89330-02-6 13320
전자책 ISBN 979-11-89330-03-3 15320

저작권자 ⓒ 2018 김광희
COPYRIGHT ⓒ 2018 by Kwang Hee Kim
이 도서의 국립중앙도서관 출판시도서목록(CIP)은 서지정보유통지원시스템 홈페이지(http://seoji.nl.go.kr)와
국가자료공동목록시스템(http://www.nl.go.kr/kolisnet)에서 이용하실 수 있습니다.
(CIP제어번호: CIP 2018026028)

홍재는 조선 제22대 왕인 정조대왕의 호로 백성들을 위해 인정을 베풀겠다는 큰 뜻을 담고 있습니다.
도서출판홍재는 그 뜻을 좇아 많은 사람에게 도움이 되는 책을 출간하는 것을 목표로 하고 있습니다.
책으로 출간했으면 하는 아이디어와 원고가 있다면 주저하지 말고 홍재의 문을 두드리세요.

hongjaeeditor@naver.com